Flugversuche

Edition Kettenbruch

Markus Munzer-Dorn: Flugversuche
Herausgegeben von: Stéphane Francin

Covergestaltung: Lioba Schneikart
Grafiken: Sergio Vesely

1. Auflage, Oktober 2021

Verlag:
Edition Kettenbruch
Bündnis Menschenrechtsbildung e.V.
Ensingerstr. 21
89073 Ulm

www.edition-kettenbruch.de

Druck: epubli – ein Service der neopubli GmbH. Berlin

Printed in Germany

Das Werk, einschließlich seiner Teile, ist urheberrechtlich geschützt. Jede Verwertung ist ohne Zustimmung des Autors / der Autoren beziehungsweise Herausgeber unzulässig. Dies gilt insbesondere für die elektronische oder sonstige Vervielfältigung, Übersetzung, Verbreitung und öffentliche Aufführung oder sonstige öffentliche Zugänglichmachung.

Bibliografische Information der Deutschen Nationalbibliothek: Die Deutsche Nationalbibliothek verzeichnet diese Publikation in der Deutschen Nationalbibliografie; detaillierte bibliografische Daten sind im Internet über http://dnb.d-nb.de abrufbar.

Markus Munzer-Dorn

Flugversuche

Lieder, Gedichte, Geschichten

Mit Zeichnungen von
Sergio Vesely

und einem Gruß von
Konstantin Wecker

in der
Edition Kettenbruch

Inhalt

Ein Gruß von Konstantin Wecker 11

I. Ich soll für euch was singen
Drei Lieder zum Auftakt

Aber was? 15

Nichts andres gelernt 19

Lied vom Glück 21

II. Das Selbstverständliche mühsam erstreiten
Aus Menschenrechts-Lesebüchern

Der Anfang vom Lied 27

Schöne Worte 32

Ein Kind kommt zur Welt 36

Weisheit und Macht 38

Schlaf nicht so tief 40

III. Tanze dem Teufel auf der Nase herum!
Lieder aus „Alexis Sorbas"

Frei sein 45

Leere Tage, leere Stunden 48

Schmetterling 51

Zwei Wege 52

Die hitzigen Nächte auf Kreta 54

Tanze! 55

IV. Der Kaiser ist ja nackt!
Kalendergeschichten

Dreikönigstreffen 61

Des Kaisers neue Wörter 62

Der Kreidekreis 63

Schweigen 65

V. Ist denn das alles nur ein Spiel?
    Lieder fürs Theater

    Die Zeit vergeht 71

    Liebe ist Wahnsinn... 73

    Die Liebe, die Lust und die List 77

    Tarantella 79

    Wenn die Trommeln trommeln 80

VI. Da müssen Farben rein!
    Aus Musicals für Kinder und Jugendliche

    Ein langer Weg... 85

    Lied vom Feuer 86

    Das Publikum von morgen 88

    Wenn ich ein Vöglein wär 90

    Lied vom großen Traum 93

    Vielleicht bin ich der falsche Mann 97

    Flugversuche 98

    So ist Musik 101

    Wer, wenn nicht wir 104

    Die Stille 107

    Liebe ist anders 109

    Die Erfinderwerkstatt 111

    Reisefieber 113

    Wenn die Zeit reif ist 116

VII. Im Leeren schweben
    Vier Gedichte

    Der Ton 121

    Verben 124

    Geflecht 125

    Durchgeschüttelt auf dem Weg ins Jenseits 126

VIII. Oft gegen den Strom, aber immer im Fluss
Aus meinen Solo-Alben

Navigation 131

Ich möchte einmal ohne mich verreisen 135

Born in Lower Bavaria 138

Wir kommen in die Jahre 141

An die Frau mit den grünen Ärmeln 145

Gefunden 147

Ehe 149

Herbstblätter 152

Was bleibt 155

Asche und Glut 158

Sacco und Vanzetti 160

Was bleibt II 164

Das lieb ich so 167

Lied vom Schluss 171

Zugabe

Der Zahn des Schimpansen 177

Anhang

Quellenangaben 181

Über den Autor 184

Über den Zeichner 186

Über die Edition Kettenbruch 187

Frei sein heißt eigene Wege zu gehn
durch das wirre Gelände des Lebens.
Einer wie ich hat schon so viel gesehn,
und kein einziger Tag war vergebens.

Wer mit offenen Augen und wachem Verstand
durch die Welt geht, kann vieles berichten.
Du findest Wunder am Wegesrand
und jeden Tag neue Geschichten.

                    aus dem Musical „Alexis Sorbas"

Ein Gruß von Konstantin Wecker

Ich wollte zuerst Dichter oder Opernkomponist werden. Franz Josef Degenhardt und Georg Kreisler gaben mir schließlich den Anstoß, als Jugendlicher eigene Lieder am Klavier zu vertonen und vorzutragen. Immer wieder juckt es mich aber bis heute, Lyrik aufs Klavier zu legen und mich davon inspirieren zu lassen.

Seit 1998, als ich mit Genehmigung der Erben ein Brecht-Album aufnehmen durfte und im Jahr danach das Projekt „Es lebte ein Kind auf den Bäumen" mit vertonten Gedichten von Jutta Richter, habe ich vor allem für Musicals verstärkt mit fremden Liedtexten gearbeitet. Das Spannende bei Filmmusik und Musicals ist ja für den Komponisten, sich in verschiedensten Genres und Stilen ausprobieren zu können.

Und dann kommen so inspirierende Vorlagen wie die von Markus Munzer-Dorn, der die Liedtexte zum „Alexis Sorbas" schrieb, das wir 2010 unvergesslich im Theater im Turm in Ingolstadt unter der Leitung des leider vor kurzem verstorbenen Pavel Fieber uraufgeführt haben.

Das sind Texte, „Leere Tage", „Nächte auf Kreta", „Tanze", wo sich jeder Komponist freuen kann, damit arbeiten zu können. Die Melodien, Rhythmen und Sounds, die einem da geschenkt werden, wissen das wirklich zu schätzen. Und jetzt legt Markus Munzer-Dorn also einen Sammelband seiner Liedtexte vor.

Ganz sicher wird dieser auch auf meinem Blüthner-Flügel in der Toskana landen, und der Maulbeerbaum vor dem Haus – von dem ich überzeugt bin, dass er meine Lieder schreibt! – wird garantiert wieder mal tüchtig zu tun kriegen …

Konstantin Wecker
München, im Januar 2021

I.
Ich soll für euch was singen
Drei Lieder zum Auftakt

Aber was?

Am Anfang werde ich mein Instrument zum Klingen bringen,
vom Lampenfieber noch ein bisschen blass.
Ich sitz' hier auf der Bühne, und ich soll für euch was singen –

Aber was, aber was, aber was?

Zu welchem Thema fehlt euch noch ein Lied?
Gibt es da noch ein unbeackertes Gebiet?
Eine Wahrheit, die euch noch niemand sagte,
eine These, die bisher noch keiner wagte,
eine Erkenntnis, die noch niemandem gelang,
ein Missstand, über den noch keiner sang?

Manche sagen, die Themen liegen überall herum,
in der Luft, auf der Straße oder so,
und wer Lieder macht, der findet auch sein Publikum –

Aber wo, aber wo, aber wo?

Davon was die Menschen bewegt, soll ich singen,
dafür brauch ich meine ganze Phantasie!
Ach, ich werde einfach mal für jeden etwas bringen –

Aber wie, aber wie, aber wie?

Persönlich soll es werden, aber niemals zu privat,
vertraut soll es klingen, aber nie nach Plagiat.
Politisch – ja, aber nicht ideologisch!
Lehrreich – vielleicht, aber niemals pädagogisch!

Wer lässt sich liebgewordene Denkgewohnheiten
denn schon gerne hinterfragen und verdrehn?
Ich soll hier unterhalten, überzeugen und belehren –

Aber wen, aber wen, aber wen?

Eines Tages ist die Welt sowieso nur noch friedlich
und der Mensch nur noch gut, und dann
braucht ihr nie wieder
kritische Lieder –

Aber wann, aber wann, aber wann?

So, das waren jetzt schon ziemlich viele Fragen,
doch nun hör ich eine Stimme in mir sagen:

Mann, begrüß doch mal die Leute,
sag, dass dich ihr Kommen freute!

Aber gern, aber gern, aber gern:

„Guten Abend, meine Damen und Herrn!"

Nichts andres gelernt

Das Anfangen ist oft das Schwerste,
wenn man sich noch nicht so gut kennt;
welche Wörter wählt man als erste
für das, was sich „Opening" nennt?

I.
Andre kommen mit glitzernden Fräcken
von silbernen Treppen herab
und liefern zu unserm Erschrecken
gleich mal 'ne durchgestylte Shownummer ab,

vielleicht 'nen Steptanz zu einem fetzigen Beat -
Ach, davon bin ich weit entfernt.
Ich spiel zur Begrüßung ganz einfach ein Lied -
Ich hab halt nichts andres gelernt.

II.
Andre kommen mit Bläsern und Streichern,
mit Rhythmusmaschine und Chor,
um ihre Songs zu bereichern
und knall'n euch die Bässe ums Ohr,

präsentieren digitale Effekte voller Stolz -
Ach, davon bin ich weit entfernt.
Ich zupf diese Kiste aus Nylon und Holz -
Ich hab halt nichts andres gelernt.

III.
Andre schreiben modernere Lyrik,
die rätselhaft ist und zumeist
um das Ich des Verfassers und ähnliche
Geheimnisse des Universums kreist.

Manche tun so, als hätten sie endlich
Mephistos Pudel entkernt -
Dagegen schreib ich noch verständlich -
Ich hab halt nichts andres gelernt.

IV.
Früher machten ja viele Leute Lieder,
in Kneipen und Clubs sangen sie,
doch zeigte sich immer wieder:
Reich wird man damit nie.

Heut haben die meisten einen Job, der auch Geld einbringt,
Ach, davon bin ich weit entfernt,
als einer, der immer noch Lieder singt. -
Ich hab halt nichts andres gelernt.

V.
Wäre ich Philosoph oder Theologe,
Demoskop oder Anthropologist,
Weltreisender, Sozio- und Ethnologe,
Gehirnforscher und Psycholinguist,

Ja, dann könnte ich alles viel fundierter sagen,
denn ich bin ja von der Wahrheit weit entfernt.
Ich probier's immer wieder
und pack alles rein in Lieder. -
Ich hab halt nichts andres gelernt!

Lied vom Glück

Glück ist eine Sache von wenigen Epochen,
wo nicht Tyrannen das Volk unterjochen,
kein Krieg wütet und keine Pest,
wo die Kunst und die Demokratie erblüht
und jeder ernten kann, der sich mit säen müht,
wo sich's ruhig arbeiten und leben lässt. –
So hätte vielleicht ein Historiker gesprochen:
Glück ist eine Sache von wenigen Epochen!

Glück ist eine Sache von wenigen Jahren,
sagt der Vater, gesetzt und erfahren,
schwer tragend an Bauch und Sorgen.
In eurem Alter, da hat man noch Zeit,
ist zur verrücktesten Unternehmung bereit,
man verliebt sich und denkt nicht an morgen.
Doch irgendwann werdet auch ihr es erfahren:
Glück ist eine Sache von wenigen Jahren!

Glück ist eine Sache von wenigen Wochen,
sagen die Leute, die ihre Knochen
vom Urlaub nach Hause tragen.
Auf Lichtbildern sieht man Papi mit vielen
Kindern am Strande lachen und spielen,
jetzt kann man sich nicht mehr viel sagen.
Papi ist schlecht gelaunt und Mutti muss kochen.
Glück ist eine Sache von wenigen Wochen.

Glück ist eine Sache von wenigen Tagen,
würde vielleicht jener Sportler sagen,
der mal ein großes Rennen gewann.
Das war der Durchbruch, er kam groß raus,
nach Jahren Arbeit endlich Schlagzeilen und Applaus!
Doch leider hielt der Erfolg nicht an.
Und weg waren die, die ihn auf Schultern getragen.
Glück ist eine Sache von wenigen Tagen!

Glück ist eine Sache von wenigen Stunden,
das hab ich selber manchmal empfunden,
unterwegs in fremden Städten.
Da sind plötzlich Leute, mit denen man
gleich reden, lachen und feiern kann
ohne mündliche Formalitäten.
Dann tauscht man Adressen, dann ist man verschwunden.
Glück ist eine Sache von wenigen Stunden.

Glück ist eine Sache von wenigen Minuten,
werden die Pornografen vermuten,
wenn sie einen Liebesakt studieren,
welcher Kräfte durch unsere Lenden pumpt
bis zum kaum beschreiblichen Höhepunkt,
an dem wir uns ganz verlieren.
Dann tauchen wir wieder auf aus den Fluten. –
Glück ist eine Sache von wenigen Minuten.

Glück ist eine Sache von wenigen Sekunden,
sagt der nächste, zeigt ein paar kleine Wunden
und spricht von dem einen Moment,
als der Lastwagen links entgegenkam,
und er, weiß nicht wie, das Lenkrad nahm
und dachte: Jetzt ist alles zu End'!
Schwein gehabt, grinst er und reibt seine Wunden.
Glück ist eine Sache von wenigen Sekunden!

Das Glück, wie man sieht, und wie mich bestürzt,
wird immer mehr verknappt und verkürzt,
von Epochen über Wochen auf Sekunden,
bald ist es völlig aus der Zeit verschwunden.

Und ich fürchte, dann
fängt dieses Lied so an:

Glück ist eine Sache von Wenigen –
und das weise ich entschieden zurück,
im Namen von all denjenigen,
die sich immer noch abmühen,
aufbrechen oder unterwegs sind

zum Glück!

II.
Das Selbstverständliche mühsam erstreiten
Aus Menschenrechts-Lesebüchern

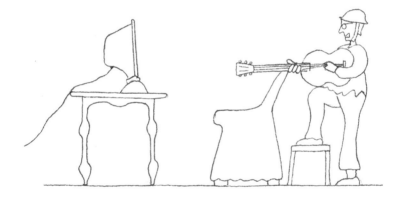

Der Anfang vom Lied
für Amnesty International zum 40. Geburtstag

„Ihr Herren Generäle und ihr Herren Präsidenten,
ihr Herren Unternehmer, all ihr Herren dieser Welt,
jetzt werd' ich euch mal sagen, was mir alles nicht gefällt!" –

Ja, im Ernst, so fingen früher unsre Lieder an,
voller Idealismus, den man nur bewundern,
voller Naivität, über die man nur staunen kann.

Als hätten wir nicht genau gewusst,
dass diese Lieder,
wenn sie denn jemals
aus der Kneipe, dem Hinterzimmer,
dem regennassen Festivalzelt
nach außen gedrungen wären
in die „Welt",

schon in den ersten Vorzimmern jener Herren
von deren untersten Sekretären
wie lästige Krümel
vom Schreibtisch gewischt worden wären.

Im Grunde waren wir überzeugt
von unserer Machtlosigkeit.
Nichts wurde mit Singen Dichten Schreiben erreicht –
aber da täuschten wir uns vielleicht!

Denn irgendwann hörte man
von diesen Leuten,
die Briefe schrieben,
beharrlich, hartnäckig, stur,
Briefe, höflich
und messerscharf.

Geehrter Herr Präsident
schrieben sie,
Exzellenz, Eure Hoheit,
Herr Senator oder Herr Generalsekretär,

wir bitten dringend um Information
einen Menschen betreffend,
der in einem Ihrer Gefängnisse sitzt,
der nie ein Verbrechen beging
und nie vor einem Gericht stand,
der eine von Ihnen unerwünschte Meinung äußerte
und im Anschluss an eine friedliche Demonstration
einfach verschwand.

Wir haben uns gründlich informiert,
wir beobachten den Fall,
auch die Weltöffentlichkeit ist dabei.
Lassen Sie den Gefangenen frei!

Ach, diese Naivität,
über die man nur staunen kann.
Sogar die unteren Sekretäre,
die längst ein paar hundert dieser Briefe
gewohnheitsmäßig in den Papierkorb gewischt hatten,
staunten irgendwann.

Und plötzlich hieß es
auch in den oberen Etagen:
Wieso wissen die das überhaupt?
Sind unsere Mauern nicht dick genug?
Wir haben doch dieses Subjekt
wie tausend andere
in aller Stille und spurlos verschwinden lassen
(haben wir jedenfalls geglaubt).

Und warum hat so jemand
Freunde in aller Welt,
die uns auf die Finger schauen?

Und die Herren,
die so selbstgerechten,
blinzelten irritiert
im ungewohnten Licht der Öffentlichkeit
und waren auf einmal bereit
zu Zugeständnissen
an die Menschlichkeit.

Ja, hier und da konnte man erleben,
wie große Herren
lernten klein beizugeben.

Das ist die Macht
der geballten Machtlosigkeit,
das ist unbefugte Einmischung
in innere Angelegenheiten
unserer eigenen Welt.

Und das veränderte eine Menge,
nicht nur unsere Liedanfänge.

Hier wird keine Menschheit errettet,
keine Schlacht
und kein letztes Gefecht gewonnen,

wir verloren jedoch
mit der Zeit
ein Stück weit den Glauben
an die eigene Machtlosigkeit.

Schöne Worte
Eine kleine soziale Suite

I. Präludium

Die Würde des Menschen. Die freie Entwicklung der Persönlichkeit.
Unveräußerliche Rechte. Brüderlichkeit. Selbstbestimmung. Ein Leben
frei von Furcht und Not.

II. Allemande

Schöne Worte!
Ach ja, das sind schöne Worte.
Und schon spürt man den Unterton
von Wehmut und Resignation:
Das Schöne taugt nicht für die Wirklichkeit
und passt auch nicht in unsre Zeit.
Schön wär's! Zu schön, um wahr zu sein.

Wir sind schließlich ein Volk der Dichter,
und Schönheit ist ein Ideal,
man darf sie nicht entweihen
oder beschmutzen,
etwa durch den Versuch,
sie in der Niederung des Alltags zu benutzen.

Schöne Worte
schreiben wir auf Hochglanzpapier,
da lassen wir uns nicht lumpen.
Doch ihre Umsetzung in schnöde Realität
wollen wir doch lieber vermeiden.
Die Schönheit als solche würde darunter leiden!

III. Courante

Renn! Lauf!
Du musst schneller sein als die anderen!
Du musst die Nase vorn haben!
Renn um nicht gefressen zu werden,
renn um nicht zu verhungern!
Willst du Tiger sein oder Gazelle?
Egal! Es geht ums Überleben!
Schlappmachen ist das Ende! Mitleid ist der Tod! Renn!

Kleine Zwischenfrage:
Leben wir noch im Urwald oder schon in einer Wüste?

IV. Lamentoso

Lieber Gott,
du hast mit mir ein unvollkommenes Produkt erschaffen,
mit meinen Sehnsüchten, meiner Unberechenbarkeit,
meinen Bedürfnissen,
meiner Anfälligkeit für Krankheiten
und Glücksmomente
und meiner Angewohnheit weiterzuleben,
auch wenn ich nicht weiter arbeiten kann.
Ich bin unzeitgemäß, bin der Risikofaktor schlechthin,
gegen mich gibt es kein Patentrezept.
Ich bin der Klotz am Bein, ich liege auf der Tasche,
mein Rückgrat ist eine Sollbruchstelle,
meine Wünsche haben die Tendenz auszuufern,
ich bin schuld, dass die Kosten-Nutzen-Rechnung nicht aufgeht.
So etwas wie mich kann sich eigentlich niemand mehr leisten.
Sobald ein ausgereifteres Modell auf den Markt kommt,
solltest du die Produktion einstellen.

V. Risoluto

Die fetten Jahre sind vorbei!
Wir wollen jetzt den Abbau von Sozialleistungen,
wir wollen schmerzhafte Eingriffe in Grundrechte,
wir wollen die Abschaffung sozialer Errungenschaften
um jeden Preis
verhindern!

Doch schade – das letzte Wort
erstarb bereits im tosenden Beifall.

VI. Valse macabre

Wir kochen doch auch nur mit Champagner.
Ja, glaubt ihr denn, das ist angenehm,
bis zum Hals im Fett?
Gewissen? Ja, wir haben davon gehört,
da gibt's doch fabelhafte Organisationen!
Wir machen uns stark,
aber nicht für die Schwachen, das wäre ja widersinnig.
Im Übrigen regelt das der Markt.

VII. Giocoso

Neunundneunzig, achtundneunzig, siebenundneunzig ...
Was zählt denn da die ganze Zeit?
Das muss der Mensch sein. Der Mensch ist doch das Einzige, was zählt.
Sehr witzig. Seine Ansprüche sind jedenfalls immens!
Warten wir's ab. Irgendwann ist er bei null angelangt.

VIII. Coda

Schöne Worte
berichten so schön von Selbstverständlichkeiten.
Doch ach, gerade das Selbstverständliche
muss man sich oft so mühsam erstreiten.

Ein Kind kommt zur Welt

Ein großes Ereignis steht bevor:
Ein Kind kommt zur Welt!

Aber ist die Welt denn bereit
für so ein Ereignis?

Wir brauchen sauberes Wasser, saubere Tücher,
saubere Luft zum Atmen für das Kind,

wir brauchen ein Bettchen
in einem ruhigen Raum

und ausreichend Nahrungsmittel.
Sorgen wir dafür, dass alles bereit ist!

Haben wir einen Arzt in der Nähe, für alle Fälle?
Sind alle scharfen und spitzen Gegenstände unter Verschluss?

Sind alle gefährlichen Waffen weggeräumt
und sicher verwahrt?

Sind alle Minen früherer Kriege
aus der Landschaft entfernt,

damit es ohne Angst
auf den Feldern spielen kann, das Kind?

Und wurde dauerhaft Frieden geschlossen mit den Nachbarn,
damit bestimmt keine neuen Bomben fallen?

Sind die Schulbücher auf den neuesten Stand gebracht,
alle Lügen ausgemerzt und alle Beschönigungen?

Wurden die Lehrkräfte gut ausgebildet?
Ist der Schulraum ansprechend eingerichtet, freundlich und hell?

Stellt sicher, dass alles bereit ist,
damit es zur Welt kommen kann, das Kind!

Weisheit und Macht

Die Weisheit und die Macht
geben bekannt:
Wir haben uns offiziell getrennt.
Und wer die beiden ein wenig kennt,
hat es sich schon gedacht.
Sie sind einfach zu verschieden. Leider.

Und um sie herum nur Intriganten und Neider,
besonders die vielen Verehrer der Macht,
wie Eigennutz, Dünkel und Angst,
haben von Anfang an gehetzt
und frohlocken jetzt.

Auch kühne Denker haben gesagt:
Weisheit und Macht in einem Bett?
Viel zu gewagt!

Die Weisheit und die Macht
geben zu:
es gab vielleicht mal 'nen Flört,
doch wie sich's gehört
tief in der Nacht,
wo es niemanden stört
und es kein Aufsehen macht.
Es war bestimmt keine Liebesnacht!
Keine von beiden wird ja so schnell schwach.

Die Weisheit betont, dass sie weiß, was sie will,
die Macht betont, dass sie macht, was sie will
und lacht.

Dabei haben wir doch immer gedacht:
Was die Macht braucht, ist ein bisschen Weisheit
und die Weisheit sehnt sich nach ein klein wenig Macht.

Doch scheint es den beiden nicht einzuleuchten,
dass sie einander so dringend bräuchten!

Das Ende bleibt offen,
während wir weiter hoffen,
dass man die beiden irgendwann
doch verkuppeln kann!

Schlaf nicht so tief
„Flaches Lied"

Schlaf nicht so tief
wir brauchen heut
oder sehr bald
ganz wache Leut
wo zu viele schlafen ist Mief –
Schlaf nicht so tief

Denk nicht so tief
denk lieber manchmal genau
mach nicht aus Ahnungen
kosmischen Rätseln
einen Metaphern-Verhau
ein paar dunkle Bilder
auf Tiefsinn getrimmt
durch die alles nur noch mehr verschwimmt
und vor unsrer Nase
läuft immer noch alles schief –
Denk nicht so tief

Fall nicht so tief
wenn man dir mal
mitten im Flug
ein Stück Flügel abschlug
du musst nur dran glauben
dass auch mit gestutz-
ten Flügeln das Flattern was nutzt
wenn man die richtige Technik hat
So billig ist heute bei mir guter Rat! –
Fall nicht so tief

Schweig nicht so tief
sei nicht gleich still
wenn kein Mensch auf dich hören will
auch wenn sie dich gar nicht
zu Wort kommen ließen
lässt das noch nicht auf die Unbrauchbarkeit
deiner Stimmbänder schließen
War da nicht schon jemand der rief? –
Schweig nicht so tief

Schlaf nicht so tief
wir brauchen heut
oder sehr bald
ganz wache Leut
wenn alle schlafen ist Mief –
Schlaf nicht so tief

III.
Tanze dem Teufel auf der Nase herum!
Lieder aus „Alexis Sorbas"

Frei sein

Frei sein heißt: eigene Wege zu gehn
durch das wirre Gelände des Lebens.
Einer wie ich hat schon so viel gesehn,
und kein einziger Tag war vergebens.

Wer mit offenen Augen und wachem Verstand
durch die Welt geht, kann vieles berichten.
Du findest Wunder am Wegesrand
und jeden Tag neue Geschichten.

Das Leben hat so viele Farben für dich,
für jeden von uns verschwendet es sich,
da heißt es: staunend genießen
und sich dem Glück nicht verschließen!

Das Glück – auch ich bin ihm nachgerannt,
weil's jeder so macht.
Reichtum und Ruhm machen mich interessant,
so hab ich gedacht.

Nur keine Skrupel, sagen die Leute,
Macht und Vermögen winken als Beute.
Jeder rafft gierig, soviel er nur kann –
Es ekelt mich an!

Leben heißt: seinen Gefühlen vertrau'n,
unersättlich und voller Begier sein,
eins mit sich selbst, wie ein tanzender Faun
halb göttlich und halb wie ein Tier sein.

Packe den Tag wie ein lüsternes Weib,
dass er dir ja nicht entwischt,
spüre das Feuer am eigenen Leib,
ein Feuer, das niemals erlischt!

Etwas Verrücktheit schadet da nicht,
Regeln sind dazu da, dass man sie bricht!
Egal, was die anderen denken,
ich lasse mich nicht mehr beschränken!

Ob ich das Leben noch lernen kann?
Ob ich's probier'?
Ich fange nochmal von vorne an,
darum bin ich hier,

um jeden Tag einen Schritt weiter zu gehn,
ein klein wenig mehr von der Welt zu verstehn. –
Endlich einmal etwas Richtiges tun,
das will ich nun.

Leben heißt: jeden Tag etwas riskier'n
und Neues beginnen.
Frei sein, das heißt: du hast nichts zu verlier'n
doch viel zu gewinnen!

Schau dich nur um im Heute und Hier:
Der Weg liegt vor dir!

Leere Tage, leere Stunden

(Frauen:)
Unsre Männer, welch ein hoffnungsloser Haufen!
Spiel'n sich auf und haben nichts zu tun,
außer ins Kafenion zu laufen
und sich schon am Mittag zu besaufen
um sich dann vom Nichtstun auszuruh'n.

(Männer:)
Um die Zukunft hat man uns betrogen,
und die Gegenwart vergaß uns längst.
Was man uns versprach, das war gelogen,
um uns macht der Fortschritt einen Bogen,
und das Ende, das kommt schneller als du denkst!

Leben heißt hier erstmal: überleben.
Arbeit gibt es viel, doch wenig Lohn.
Wozu soll man sich noch Mühe geben?
Hat es Sinn, nach Höherem zu streben?
Schaut euch um, was haben wir denn schon?

(Frauen:)
Das Meer, das uns Frauen zu Witwen macht,

(Männer:)
ein unnützer alter Bergwerks-Schacht,

(Frauen:)
ein steiniger Boden, auf dem nicht viel wächst –

(Alle:)
So ist das Gefängnis, in dem du hier steckst.

Leere Tage, leere Stunden, leere Wochen,
gefüllt nur mit Geschwätz und Kartenspiel.
Alle Hoffnungen sind längst zerbrochen,
bleiern kommt das Morgen angekrochen.
Alle warten, doch worauf? Wo ist das Ziel?

Und das Rad des Lebens dreht sich weiter
und rollt über uns hinweg, erbarmungslos.
Misserfolg ist unser Wegbereiter,
Armut unser ständiger Begleiter;
Alle Jungen gehen weg, hier ist nichts los.

Und wir Frauen sind die Sündenböcke,
Männer wollen Haustyrannen sein,
schielen unter alle fremden Röcke,
immer noch die alten geilen Böcke.
Ihre eignen Frauen sperr'n sie ein.

Wohin ist die gute Zeit verschwunden,
als man noch mit Schwung geackert hat?
Früher kämpfte man, heut leckt man sich die Wunden;
Leere Tage, leere Wochen, leere Stunden,
und das Leben findet ganz woanders statt.

Früher steckten wir voller Ideen,
war'n bekannt als zäher Menschenschlag.
Gab's ein Fest, dann konnte jeder sehen,
dass wir uns aufs Feiern gut verstehen,
gerne leben und nie untergehen,
und man freute sich auf jeden neuen Tag.

Könnt' es doch nochmal wie damals werden,
voller Lebenslust und zuckersüß,
dann wär dies der schönste Platz auf Erden,
frei von aller Mühsal und Beschwerden,
Kreta, unser kleines Paradies!

Schmetterling
Die schwarze Witwe

Sie geht in Schwarz, seit ihre Freuden starben,
das Schwarz verdeckt wohl manche alten Narben,
zerbrechliche Gestalt, in Schwarz gehüllt!
In Schwarz verbirgt sie Träume, die verdarben,
doch sind in diesem Schwarz so viele Farben,
mehr Farben als in manchem bunten Bild.

Ihr Blick – hat er denn wirklich mir gegolten?
Ob wir die Fremdheit überwinden sollten?
Sie zieht mich an und wirkt doch unnahbar.
Die Furcht in ihren Augen ist erklärlich,
ihr Anderssein, das ist für sie gefährlich,
es macht sie für die andren zur Gefahr.

Hätt' ich doch Mut und etwas Fantasie,
sie und mich selbst aus allen Zwängen zu befrei'n!
Könnt' ich doch lernen, einmal so wie sie
in Trauer und dabei so stolz zu sein!

In Schwarz verbirgt sie Freuden, die ihr starben,
das Schwarz verdeckt wohl manche alten Narben
und alle Wunden, die sie je empfing.
Mit Schwarz bedeckt sie Träume, die verdarben,
doch schillert dieses Schwarz in hundert Farben –
Du zarter, schwereloser Schmetterling!

Zwei Wege
Duett

Ich will das Leben wieder spüren
und seine reiche Farbigkeit,
will endlich meine Scheu verlieren,
auch neue Schritte zu probieren
ohne das schwarze Trauerkleid.

Finden wir beide die Balance
und einen neuen Lebenssinn?
Bekommt die Liebe eine Chance?
Und wird daraus ein Neubeginn?

Wird das Geheimnis einer Nacht
das gnadenlose Tageslicht ertragen?
Die Sehnsucht, die in uns erwacht
hat neue Hoffnungen gebracht
und neue, bange Fragen.

> Zwei Wege haben sich getroffen,
> zwei Lebenslinien sich berührt,
> und nun scheint wieder alles offen,
> wir fangen zaghaft an zu hoffen,
> dass dieser Weg uns weiter führt.

Ich hatte mich verkrochen vor mir selbst
und diesem Leben aus Papier,
hab alle meine Luftschlösser zerbrochen
und ließ alles hinter mir.

Ich wollte mich an nichts mehr binden
und hielt das für Unabhängigkeit.
Vielleicht kann ich zurück ins Leben finden,
wenn die Liebe mich befreit.

Dann klingt es wie von einem alten,
stets neuen Lied, das nie verging:
Das Leben ist nicht aufzuhalten,
wenn deine Flügel sich entfalten,
du Schmetterling!

    Zwei Wege haben sich getroffen,
    zwei Lebenslinien sich berührt,
    und nun scheint wieder alles offen,
    wir fangen zaghaft an zu hoffen,
    dass dieser Weg uns weiter führt.

Noch ist uns vor dem Morgen bange
nach einer viel zu schönen Nacht.
Ob irgendwo für uns ein Raum ist?
Ach, wenn das alles nur kein Traum ist,
ein Traum, aus dem man viel zu schnell erwacht!

Die hitzigen Nächte auf Kreta

Wenn es dunkel wird auf der Insel Kreta,
weht vom Meer her ein lieblicher Duft,
ungemein deliziös,
uh, das macht mich ganz nervös,
Verführung liegt in der Luft!

    Das sind die hitzigen Nächte auf Kreta,
    der Himmel ist aus dunkelblauem Samt.
    Es kocht das Blut, und es steigt das Thermometa,
    wenn der Wein unsre Herzen entflammt,
    und das Feuer der Liebe erwacht
    in der hitzigen Nacht,
    dieser schwitzigen Nacht,
    in der hitzigen kretischen Nacht.

Wenn es dunkel wird auf der Insel Kreta,
dann umfängt wie ein Rausch uns die Nacht.
Die Atmosphäre vibriert
und dann wird musiziert,
getrunken, geküsst und gelacht.

    Das sind die hitzigen Nächte auf Kreta,
    der Himmel ist aus dunkelblauem Samt.
    Es kocht das Blut, und es steigt das Thermometa,
    wenn der Wein unsre Herzen entflammt,
    und das Feuer der Liebe erwacht
    in der hitzigen Nacht,
    dieser schwitzigen Nacht,
    in der hitzigen, schwitzigen kretischen Nacht!

Tanze!

Lass' dem Gefühl, das dich treibt, freien Lauf –
Tanze!
Folg' deinem Rhythmus, nichts hält dich auf!
Tanze!
Reiße die Arme hoch, wenn es dich packt,
stampf' mit dem Fuß in den Boden den Takt,
Tanze, tanze!

Wenn es dir wirklich mal dreckig geht,
tanze!
Tanze, auch wenn es keiner versteht,
tanze!
Was du mit Worten nicht sagen kannst,
das sagt dein Körper, indem du tanzt.
Tanze, tanze!

Alles musst du geben,
Leib und Seele, ganz.
Tanze um dein Leben,
denn das Leben ist ein Tanz!

Deine Seele atmet auf, wenn du tanzt
und den ganzen Rest vergisst,
weil du endlich wieder spüren kannst,
dass du am Leben bist!

Die Gestirne tanzen mit, und du wirst
im Tanz wieder eins mit der Welt.
Du befreist dich von Ballast, und du spürst,
was dich lebendig hält.

Wenn dich die Wut und der Ärger zerfrisst,
tanze!
Tanze wie wild, wenn du fröhlich bist,
tanze!
Durchflutet dich wie eine Woge das Glück,
und lacht dir das Schicksal, dann lache zurück:
Tanze, tanze!

Alles musst du geben,
Leib und Seele, ganz.
Tanze um dein Leben,
denn das Leben ist ein Tanz!

Bist du von lauter Dummheit umstellt,
tanze!
Tanze, als wärst du allein auf der Welt,
tanze!
Oft muss ich tanzen und weiß nicht warum
und tanze dem Teufel auf der Nase herum,
tanze, tanze!

Hole das Letzte aus dir heraus,
tanze,
dann nehmen alle Dämonen Reißaus!
Tanze!
Und bettet man mich zur ewigen Ruh',
dann ruf' ich dir aus meiner Kiste raus zu:
Tanze, tanze, tanze!

Alles musst du geben,
Leib und Seele, ganz.
Tanze um dein Leben,
denn das Leben ist ein Tanz!

IV.
Der Kaiser ist ja nackt!
Kalendergeschichten

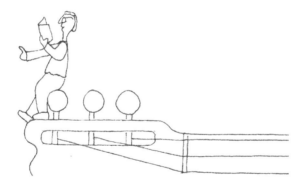

Dreikönigstreffen

Drei Könige trafen sich auf der Landstraße. Der eine wollte nach Bielefeld, der andere nach Budapest und der dritte nach Bethlehem.
Kommt mit mir, sagte der erste, in Bielefeld gibt's dufte Kneipen und riesengroße Kaufhäuser!
Nein, kommt mit mir, sagte der zweite, in Budapest ist die Demokratie am Ende, da werden Könige dringend gebraucht!
Nein, kommt mit mir, sagte der dritte, in Bethlehem ist der Heiland geboren, den muss man einfach gesehen haben, und wenn wir als erste dort sind, gehen wir bestimmt in die Geschichte ein!
Sie konnten sich lange nicht einigen und gerieten beinahe in Streit, aber schließlich machten sie sich doch alle gemeinsam auf den Weg nach Bielefeld.

Des Kaisers neue Wörter

Zu einem Kaiser, der dafür bekannt war, dass er gern die ausgefeiltesten und geschliffensten Reden hielt, kamen einmal zwei Betrüger, die behaupteten, sie könnten ihm – gegen angemessene Entlohnung – die allerfeinsten Wörter, Ausdrücke und Redewendungen liefern, die seine Reden noch viel, viel wirkungsvoller machen würden. Es seien zum großen Teil fremde Wörter, und es habe eine besondere Bewandtnis damit, denn wer dumm sei oder für sein Amt nicht tauge, der könne die Wörter nicht verstehen. Der Kaiser ließ sich sogleich eine Auswahl der wundersamen Gebilde vorlegen und bemerkte zu seinem Entsetzen, dass er einige selbst nicht verstand. Natürlich ließ er sich nichts anmerken, sondern bestellte für den nächsten großen Festtag eine lange Ansprache.

Als der große Tag gekommen war, hatte es sich im Volk bereits herumgesprochen, was die neuen Wörter für eine besondere Eigenschaft hätten, und als der Kaiser seine Rede hielt, da machten alle Bürger ganz verständnisvolle Gesichter und keiner gab zu, dass er nichts verstand. Bis plötzlich ein kleines Kind ganz laut ausrief: „Papa, was hat der Kaiser denn eigentlich gesagt? Das kann man ja gar nicht verstehen!" Dieser Ausspruch machte die Runde; ein hörbares Grinsen ging durch die Menge, und auf der kaiserlichen Stirn zeigten sich schon Schweißperlen. Das treue Volk jedoch hatte die Zeichen der Zeit erkannt. Das respektlose Kind wurde von seinen Eltern rasch weggeführt, und nach einer kurzen Abstimmung wurde beschlossen, Minderjährige in Zukunft von solchen Versammlungen auszuschließen.

Der Kreidekreis

Einmal stritten sich die Vertreter der Parteien darüber, welche sich am meisten verdient gemacht habe um die Bürgerrechte. „Lesen Sie unser Programm!" rief die eine Partei, „unser Eintreten für die Bürgerrechte ist unübertroffen!" – „Verfolgen Sie unsere Rechtspolitik!" schrie eine andere Partei, „niemand tut mehr für die Bürgerrechte!" – „Recht und Freiheit", brüllte die nächste Partei, „nur mit uns!"

Nachdem sie sich ca. 35 Jahre lang ohne Ergebnis gestritten hatten, gingen sie zu einem sehr weisen alten Richter, der sollte entscheiden, bei welcher Partei die Bürgerrechte am besten aufgehoben sind. Der Richter versuchte es mit einem uralten Trick: Er malte auf den Boden einen Kreidekreis, dahinein platzierte er einen einfachen, durchschnittlichen aber unbescholtenen kleinen Bürger. Die Vertreter der Parteien sollten nun versuchen, auf ein Zeichen hin den Bürger aus dem Kreis heraus auf ihre Seite zu ziehen. Das stärkste Eintreten für den Bürger würde sich an der größten Kraft zeigen.

Die beiden großen Parteien bekamen je einen Arm zu fassen, die liberale und die alternative Partei je ein Bein, und die kleinen Splitterparteien klammerten sich an Rockschöße, Kragen, Haare, Ohren, Hosenbeine oder was sie gerade in die Finger bekamen. Auf das Kommando des weisen Richters hin fingen alle an zu zerren, so fest sie konnten. Doch plötzlich – man kennt ja die Geschichte – ließ der Vertreter einer Partei erschrocken los, worauf der Richter donnerte: „Was ist mit dir, gibst du schon auf, du Schwächling? Oder hast du etwa Angst, dieser Wicht könnte zu Schaden kommen?" – „Ja", murmelte der Angesprochene kleinlaut.
„Diese Partei müsst ihr wählen!" rief der Richter so laut, dass es durchs ganze Land tönte. Leider vergaß er, den Namen der Partei dazuzusagen. Hinterher behauptete eine jede, sie sei gemeint gewesen; und so fahren sie fort zu ziehen und zu zerren, weil sie die Pointe noch immer nicht begriffen haben.

Schweigen

Kann ich jetzt mal etwas Ruhe haben?
Danke.
Ist nicht böse gemeint.
Manchmal braucht man einfach ein bisschen Ruhe.
Ist ja alles so laut um uns herum,
so viel Lärm, so viel Gerede.
Einfach mal schweigen!

Schweigen ist übrigens im Kommen!
Ich habe gehört, es gibt Vereine,
die speziell das Schweigen pflegen,
und neue Mitglieder werden gerne aufgenommen.
Man muss sich einer kurzen mündlichen Anhörung unterziehen,
in der man vor allem seine Vergangenheit
und seinen politischen Standpunkt verschweigen sollte.
Als Vereinsbeitrag wird dann monatlich ein Schweigegeld gezahlt.

Ich bewarb mich spontan um die Mitgliedschaft,
und um mich beliebt zu machen,
reichte ich gleich mal einen Entwurf für eine Vereinshymne ein:

Schweigen ist Gold,
ist purer Gesang,
alles Laute ist Lüge,
nur Stille ist wahrer Klang.

Der Vereinsvorstand fand den Text super,
nur die Wörter sollte ich weglassen.
Ich versprach, es mir zu überlegen.

Immerhin wurde ich eingeladen
zur einjährigen Jubiläumsfeier des hiesigen Ortsvereins,
bei der interessante Wettkämpfe auf dem Programm standen.
Zum Auftakt spielte ein Blasorchester einen Schweigemarsch,
dann begann der Wettbewerb im Tiefschweigen,
den ein gewisser Friedrich Fisch gewann,
mit einer geradezu ohrenbetäubenden Stille.
Minus 4,5 Dezibel wurden gemessen.
Im Weitschweigen siegte Rolf Leisemann.
Die Ruhe, die er produzierte, war noch in 80 m Entfernung deutlich wahrzunehmen.
Er entschied auch das Langstreckenschweigen für sich,
sein Vorsprung betrug eine Schweigeminute.

Vor dem Start zum Dauerschweigen gab es einen kleinen Skandal;
bei der Dopingkontrolle wurde ein Teilnehmer als von Geburt an taubstumm entlarvt
und musste disqualifiziert werden.
Die Konkurrenten waren sprachlos vor Empörung,
und es dauerte eine Weile, bis sich die Gemüter so weit beruhigt hatten,
dass der Wettkampf ordnungsgemäß beginnen konnte.
Er dauert in diesen Wochen noch an.

Ich hatte inzwischen die neue Fassung meiner Vereinshymne fertiggestellt
mit der Satzbezeichnung „tacet ma non troppo":

> *Sei doch mal leise,*
> *ich will nichts hören,*
> *weil Worte nur stören,*
> *sag ich einfach mal*
> *nichts!*

Für den Abend war ein Podiumsschweigen angesetzt
mit prominenten Teilnehmern,
die dafür bekannt sind, dass sie nichts zu sagen haben.
Es wurde ein voller Erfolg,
und bei der anschließenden Aussprache
konnte auch ich mich entfalten
und endlich mal wieder so richtig meine Meinung
für mich behalten.

Kurzum: dieser Festtag war, wie sich zeigen wird,
ein Ereignis, über das man noch lange schweigen wird.

Und in unserer Erinnerung, da klingt
ein unhörbares Lied, das niemand singt:

> *Sei doch mal leise,*
> *ich will nichts hören,*
> *und weil Worte nur stören,*
> *sag ich am Ende dieses Gedichts*
> *einfach mal*

V.
Ist denn das alles nur ein Spiel?
Lieder fürs Theater

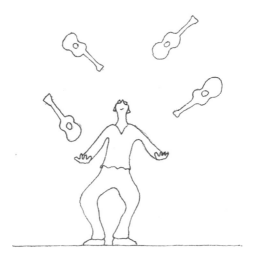

Die Zeit vergeht

Die Zeit vergeht,
das ist kein Grund zu jammern.
Man soll sich nicht
an Altbekanntes klammern!

Wenn die Zeit vergeht,
geh ich eben mit der Zeit.
Ich bin vielleicht von gestern,
aber leben tu' ich heut'!

Wer sagt da, ich gehör zum alten Eisen?
Das müsstet ihr mir erst einmal beweisen!
Ich roste ja noch nicht, und überhaupt:
Altes Eisen ist stabiler als man glaubt!

Und es gibt noch so viel Neues zu entdecken,
auch wenn man vieles erstmal nicht kapiert;
die Gegenwart, die ist kein Zuckerschlecken,
und junge Leute sind oft schrecklich kompliziert.

Früher gingen wir zum Quatschen in Kneipen,
heute sitzen sie in „Chatrooms" und „skypen";
anstatt Fahrrad zu fahren gehn sie „biken",
und was ihnen gefällt, das tun sie „liken",

und mit dem Telefon wird fotografiert -
kompliziert, kompliziert, kompliziert!

Es gibt neue, schicke Wörter für alte Hüte,
Schnee von gestern in mega-cooler Tüte;
Höchste Zeit, dass ich das auch mal lern',
denn im Grunde bin ich gern modern!

Die Zeit vergeht,
das ist kein Grund zu jammern.
Man soll sich nicht
an Altbekanntes klammern!

Ich will auch gar nicht lästern,
ich geh lieber mit der Zeit.
Vielleicht bin ich von gestern,
aber leben tu' ich heut'!

Fehlt es jungen Leuten mal an Arbeitswillen,
dann heißt es, sie „relaxen" oder „chillen".
Wer meine Post liest, der ist ein Häcker,
und wer kapiert, wie das geht, ist voll der Checker.

Ein Car scheren heißt, dass ich mir'n Auto borg,
und wenn die Arbeit für'n Arsch ist, heißt das „After Work".
Und „online" heißt nicht, wie man vielleicht denkt,
dass jemand nasse Sachen auf die Leine hängt.

Wenn ein Lüstling mich verfolgt, ist das ein Stalker
und wer am Stock geht, ist ein Nordisch Walker,
und der wird vom Telefon navigiert.
Kompliziert, kompliziert, kompliziert!

Die Zeit vergeht,
das ist kein Grund zu jammern.
Man soll sich nicht
an Altbekanntes klammern!

Vergangenes verklären,
das tun nur dumme Leute.
Ich bin vielleicht von gestern,
aber Leben, das ist heute!

Liebe ist Wahnsinn
Anitas Lied

Liebe ist Wahnsinn, ich weiß,
das Gehirn außer Kontrolle,
die Gedanken dreh'n sich ohne Sinn im Kreis.
Diverse Körperteile spielen permanent verrückt,
der Verstand hat keine Chance,
die Vernunft wird unterdrückt.

> Liebe ist Wahnsinn, ich weiß, ich weiß,
> aber Wahnsinn allein
> ist noch kein Liebesbeweis!

Wenn Liebesgeschichten beginnen,
wird der Irrsinn zur Normalität.
Spannung staut sich an, und es gibt kein Entrinnen,
wenn sie sich entlädt.

Der Menschenverstand, der ist schon lang nicht mehr gesund,
um auszurasten brauchen Männer nicht mal einen Grund.
Sie müssen sich von Zeit zu Zeit wie Tiere gebärden,
nur um hinterher von uns getröstet zu werden.

> Liebe ist Wahnsinn, ich weiß, ich weiß,
> aber Wahnsinn allein
> ist noch kein Liebesbeweis!

Du bist nicht mehr Herr der Lage, ja, das sehe ich ein,
aber ich möchte gerne Herrin meiner Lage sein!
Sei froh, dass ich noch singe, denn sonst müsste ich schrei'n!

    Liebe ist Wahnsinn, ich weiß, ich weiß,
    aber Wahnsinn allein
    ist noch kein Liebesbeweis!

Die Liebe, die Lust und die List
Duett aus „Mandragola"

Ach wir Frauen sind nicht zu beneiden,
in so kalter, herzloser Zeit
ertragen wir keusch und bescheiden
die Liebe, die Lust und das Leid.

Wir sollen uns immer nur fügen,
weil das unsre Bestimmung ist,
und wir kriegen ein bisschen Vergnügen
nur mit Liebe, mit Lust und mit List!

Denn wären wir Frauen uns nicht
unsrer heimlichen Stärken bewusst,
dann wäre das Leben nur Pflicht
und die Lieb' eine Last ohne Lust.

Würd' ich mein Herz verschenken,
dann hätte ich nichts, was mir blieb;
doch vielleicht lässt das Schicksal sich lenken
mit Lust und mit List und mit Lieb'!

Tarantella

Ist denn das alles nur ein Spiel,
in dem nichts so ist wie es scheint?
Wer kennt die Regeln und das Ziel?
Wer wird am Schluss mit wem vereint?

La vita e una commedia
und Fortuna führt Regie,
und wir tanzen die Tarantella
zu ihrer alten Melodie.

Ist denn das alles nur ein Spiel,
und wir probieren unsere Rollen
in verworrenen Geschichten,
die nie enden wie sie sollen.

La vita e una commedia
und Fortuna führt Regie,
und wir tanzen die Tarantella
zu ihrer alten Melodie.

So jagen wir unserem Glück nach,
das immer vor uns flieht.
La vita e una commedia –
und das ist das Ende vom Lied.

Wenn die Trommeln trommeln
Schlussgesang aus Wallensteins Lagerspielen

I.
Wenn die Trommeln trommeln
und die Fiedeln fiedeln
und die Pfeifen pfeifen,
wenn die Klappern klappern
und die Saitenzupfer
in die Saiten greifen,

wenn der Mond aufgeht
und die Nacht ist noch jung,
sollen alle Waffen schweigen
und wir wiegen uns im Reigen
bis zur Morgendämmerung.

Ein Mirakel, ein Spektakel
ohne Makel soll es sein,
und wir singen und wir springen
und wir schwingen Arm und Bein!

Kommt, wir wollen alles geben,
heute Nacht im Sternenglanz
tanzen wir, als sei das Leben
wie ein grenzenloser Tanz!

II.
Wenn die Rasseln rasseln
und die Feuer prasseln
und die Mädchen singen,
wenn sich die Artisten
pyramidenförmig
in die Lüfte schwingen,

und der Dudelsack
dudelt fröhlich und laut,
dann ist aller Streit vergessen
und wir tanzen wie besessen,
bis der neue Morgen graut.

Heute gehn wir in die Vollen,
unser Glück ist unser Ziel,
und wir spielen unsre Rollen,
denn das Leben ist ein Spiel.

Jeder spielt auf seine Weise,
bis die Sterne einst verglühn,
doch das Leben ist eine Reise
und wir müssen weiterziehn.

Bald wird alles Laute leise,
und das Lager bleibt zurück,
denn das Leben ist eine Reise,
und vielleicht führt sie ins Glück!

VI.
Da müssen Farben rein!
Aus Musicals für Kinder und Jugendliche

Ein langer Weg
Der Zug der Steinzeitmenschen

Wir sind auf einem langen, langen Weg
aus eisiger Vergangenheit
durch Kälte und durch Dunkelheit
in eine ungewisse Zeit.

Oft ist uns bang auf unsrem langen Weg.
Das Überleben Tag für Tag
ist Kampf und Arbeit, Müh' und Plag',
zu einem Ziel ist es noch weit.

Wir kommen von den Gletschern, aus den Wäldern, von den Seen,
durch Jahrmillionen zieht sich unsre Spur.
Wir müssen Durst und Hunger, Frost und Hitze überstehn,
und täglich lernen wir von der Natur.

Wir sind Erfinder, wir sind Handwerker, wir gehen auf die Jagd,
auch mit dem Feuer kennen wir uns aus,
und immer suchen wir nach einem Ort, der uns behagt,
da bleiben wir und bauen unser Haus.

Wir sind auf einem langen, langen Weg.
Aus eisiger Vergangenheit,
durch Kälte und durch Dunkelheit,
so ziehen wir in eine neue Zeit!

Lied vom Feuer

Es knistert, es flackert,
es prasselt, es zischt. –
Hütet das Feuer,
damit es nie erlischt!

Es knistert, es flackert,
es lodert, es raucht. –
Hütet das Feuer,
das ihr zum Leben braucht!

Es spendet uns Wärme
und leuchtet so rot,
aus Lehm macht es Töpfe,
aus Brei macht es Brot.

Aus Fleisch macht es Braten,
aus Teig ein Gebäck,
aus Holz macht es Asche,
den Müll macht es weg!

Es will gefüttert sein,
jedoch sei auf der Hut,
sonst beißt es dich ins Bein
mit seiner heißen Glut!

Wenn man es nicht bewacht
oder es nachts vergisst,
wird oft ein Brand entfacht,
der ganze Häuser frisst.

Dann wird es schnell zum Ungeheuer,
und alle schreien: „Feuer! Feuer! Feuer!"

Es knistert, es flackert,
es lodert, es raucht. –
Hütet das Feuer,
das ihr zum Leben braucht!

Das Publikum von morgen
Intermezzo

„Ach, Sie sind Schauspieler! Und was machen Sie so tagsüber?"
„Erlauben Sie! Allein im letzten Monat habe ich 45mal *Der Zwerg mit dem Muskelkater* gespielt!"
„Wie schön, wenn sich das Theater so um die Jugend bemüht! – Aber der Monat hat doch nur 31 Tage."
„Eben. Allein am Tag vor Weihnachten hatten wir vier Vorstellungen, eine um 11, eine um 13.30 und zwei um 16 Uhr."
„Wie in einer Fabrik! So wird also die Jugend abgefertigt!"
„Ja, es gibt kaum eine lohnendere Aufgabe!"
„Nicht wahr! Der Kontakt mit dem Publikum von morgen ..."
„Das Publikum von morgen ist dem Theater egal. Wenn Sie wüssten, unter welchen Bedingungen wir proben mussten!"
„Das alte Lied! Nach dem Motto 'Für Kinder reicht es allemal'."
„Wie kommen Sie darauf? Das künstlerische Ergebnis kann sich neben jedem Erwachsenenstück sehen lassen."
„Versteht sich, denn sicherlich haben Sie die Titelrolle gespielt!"
„Selbstverständlich."
„Aber eine Persönlichkeit wie Sie als Zwerg ... ich meine ..."
„Quatsch, ich war der Kater. Die weit anspruchsvollere Rolle. Sie erinnern sich doch: Der Zwerg muss den ganzen Tag gebückt gehen, weil ihn seine Nachbarn sonst für einen Riesen halten, und der Muskelkater, den er davon bekommt, fängt eines Nachts zu sprechen an und wird lebendig. Seltsam, nicht?"
„Abstrus! Was sind das nur für Leute, die heutzutage Kinderstücke schreiben?"
„Genau. Das regt die Phantasie an und versetzt uns alle in eine Welt der Träume. Sogar die Lehrer waren diesmal ganz aus dem Häuschen."
„Das will ich hoffen, dass Pädagogen Ihre Kunst zu schätzen wissen!"
„Leider verstehen sie überhaupt nichts vom Theater. Ich sage nur: Waschkörbe voller Protestbriefe!"
„Das wundert mich nicht, wenn ich an meine Pauker von früher denke ... Aber wenigstens die Eltern ..."

„Die allerdings. Viele drohen ihren Kindern jetzt damit, dass ich bei ihnen zuhause erscheine, wenn sie nicht brav sind."
„Sie Ärmster!"
„Und dann wieder diese leuchtenden Kinderaugen, dieses glockenhelle Lachen …"
„Nicht wahr, das entschädigt einen für alles."
„Manche von den Gören würde man am liebsten auf die Bühne zerren und ihnen den Hintern versohlen. Dann könnten sie endlich mal diese berühmte Bühnenluft schnuppern …"
„O ja, das ist allerdings eine Faszination, von der man sein Leben lang nicht mehr loskommt!"
„Glauben Sie im Ernst, dass nur ein Bruchteil von diesen Bälgern später mal freiwillig ins Theater geht?"
„In der Tat schwer vorstellbar!"
„Ich sage Ihnen: Strömen werden sie! Wallfahrten! Abonnieren!"
„Meine Rede. Das Publikum von morgen!"

Wenn ich ein Vöglein wär

Wenn ich ein Vöglein wär
und auch zwei Flügel hätt,
dann flög ich auf und davon!
Wenn's aber nicht sein kann,
wenn's aber nicht sein kann –
ja, was mach ich dann?

Vögelein bin ich keins,
Flügelein hab ich keins,
was traurig ist.
Flattern hat auch kein' Zweck,
komm nicht vom Boden weg –
so'n Mist!

Wenn ich ein Vöglein wär,
flöge ich kreuz und quer
im Sonnenlicht,
bliebe hoch in der Luft,
und wenn ihr nach mir ruft,
höre ich es nicht.

Wenn ich zwei Vöglein wär,
freute ich mich noch mehr,
dann flög ich neben mir her!
Und könnt ich drei Vögel sein,
schaute ich mir in Ruh'
beim Neben-mir-her-Fliegen zu!

Wenn ich vier Vögel wär,
das wär besonders nett:
Ich zwitscherte im Quartett!
Und was meint ihr, wär ich gar
eine ganze Vogelschar,
käm' ich mir beim Pfeifen vor
wie ein bunter Vogelchor!

Lied vom großen Traum

Die Menschen nennen vieles unerreichbar,
nur weil es bis heut noch nicht erreicht ist.
Aber Fliegen ist mit nichts vergleichbar.
Du kannst es, wenn du wirklich leicht bist!

> Schüttle dir wie ein Vogel
> den Staub aus dem Gefieder,
> schüttle alles ab, was dich beschwert!
> Jeder Traum will irgendwann einmal erreicht sein.
> Wer eine schwere Reise vor sich hat,
> muss leicht sein!

Statt am Boden zu kleben
einfach abzuheben,
diesen Traum erleben
und schweben!

Luftsprünge machen,
ganz verrückte Sachen,
endlich leicht genug
für den Flug!

Nicht den Absprung verpassen,
sich nicht einschüchtern lassen!
Einmal mutig zu sein,
das kann Flügel verleih'n!

Uns soll der Wind um die Nase weh'n,
wir wollen alle Elemente versteh'n,
wir woll'n in die Luft und unter die Erde,
ins Wasser und durchs Feuer geh'n,
woll'n uns die Fische von unten
und die Vögel von oben beseh'n!

Wenn es uns glückt,
sind wir dem Boden entrückt,
der uns so lange schon
von unten drückt.

    Schüttle dir den Staub aus dem Gefieder,
    schüttle alles ab, was dich beschwert!
    Jeder Traum will irgendwann einmal erreicht sein.
    Wer eine schwere Reise vor sich hat,
    muss leicht sein!

Vielleicht bin ich der falsche Mann

Vielleicht ist es nur Eitelkeit,
vielleicht ist es meine Verpflichtung.
Vielleicht ist es der richtige Weg,
aber die falsche Richtung.

Vielleicht bin ich der falsche Mann,
oder leb' in der falschen Zeit,
hab die falschen Träume
zur falschen Gelegenheit?

Oft sucht man nach dem richtigen Wort
und sagt dann doch den falschen Satz,
und oft tut man das Richtige
gerade am falschen Platz.

Ist es falscher Ehrgeiz,
oder doch meine Verpflichtung?
Oft findet man den richtigen Weg
und geht dann doch in die falsche Richtung.

Flugversuche
oder „Wir haben's nur noch nicht probiert"

Duett des Schneiders von Ulm und seiner Frau

Brauchst du denn wirklich Flügel?
Hast doch Arme und Beine
und Füße zum Stehen,
Hände zum Greifen
und Beine zum Gehen,
hast einen Mund zum Küssen und Lachen,

> *einen Rücken, um ihn bei der Arbeit krumm zu machen,*

eine Zunge, um etwas Gescheites zu sagen,

> *und ein dickes Fell, um dieses Leben zu ertragen!*

Du hast Arme, um deine Kinder zu wiegen

> *und eine Phantasie, um über alles hinwegzufliegen!*

Du hast einen Verstand, um zu wissen,
dass der, der zu viel wagt, verliert.

> *Oder um zu lernen, dass nur der gewinnt,*
> *der etwas riskiert!*

Kluge Leute sagen, dass das Fliegen niemals funktioniert.

> *Die haben's nur noch nicht probiert!*

Du glaubst, du kannst die Menschheit überzeugen?
Du bist doch nicht gelehrt und nicht studiert.
Und wenn dir was passiert,
dann sind wir ruiniert.

> *Wir haben's nur noch nicht probiert!*

Du arbeitest daran nun schon so lange.
Die viele Zeit, das viele Geld, mir ist oft bange.
Vielleicht ist es zu schwer,
vielleicht zu kompliziert?

> *Wir haben's nur noch nicht probiert!*

Alles was wir kleinen Leute machen,
und seien es auch bahnbrechende Sachen,
das hat die Mächtigen
noch niemals interessiert.

> *Wir haben's nur noch nicht probiert!*

> Was haben wir schon zu verlieren?
> Wir müssen noch so vieles ausprobieren!

So ist Musik

I.

Mit einem Urklang,
mit einem Knall
entstand das All.
Der Widerhall
fällt wie ein Licht in unsre Zeit,
Sphärengesang
aus einer andren Wirklichkeit,
aus einem Augenblick
entsteht Musik!

Musik, das ist Rhythmus und Lebenskraft,
Musik ist Magie und Leidenschaft,
Musik ist unser Soundtrack fürs Leben,
und manchmal hilft sie abzuheben.

Musik heißt üben, üben, üben!
Musik ist Arbeit und Vergnügen.
Du gibst alles hinein, du kriegst alles zurück,
so ist Musik!

II.

Alles ist Klang,
Stille und Sturm, Lärm und Gedröhn,
Ton und Gesang,
ein Rausch, beängstigend und schön,
der dich befreit,
und eine neue Kraft verleiht.
Aufbruch und Untergang.
Alles ist Klang!

Musik, das ist Spiel und Musik ist Ernst,
was du tief in dir hast und ein Leben lang lernst.
Musik kann Unsagbares sagen
und dich auf ihren Flügeln tragen.

Musik drückt aus, was du empfindest,
auch wenn du keine Wörter findest.

Du gibst alles hinein, du kriegst alles zurück,
so ist Musik!

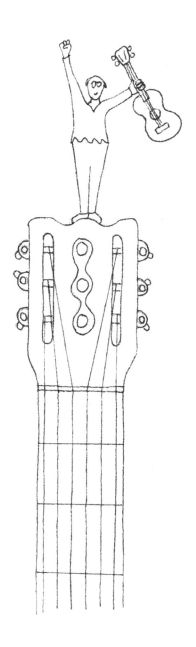

Wer, wenn nicht wir

Warum muss dieses Leben oft so farblos sein?
Unsre Welt ist viel zu trübe, da müssen Farben rein!
Menschen laufen um uns rum wie die wandelnden Toten,
alles was uns Spaß macht, wird verboten.

Wer wird Bewegung ins Leben bringen?
Wer - wenn nicht wir?!
Wo wird das wahre Leben beginnen?
Wo - wenn nicht hier?!
Wann wird es Zeit, dass man sich allen Zwängen widersetzt?
Wann - wenn nicht jetzt?

Wer, wo, wann -
fangen wir damit an!

Rennen oft wie die Blinden nebeneinander her,
doch wir woll'n uns so gern spüren, warum ist das so schwer?
Kommt mit ausgestreckter Hand, dann kommt euch das Glück entgegen,
und ihr geht auf völlig andren Wegen.

Wer wird Bewegung ins Leben bringen?
Wer - wenn nicht wir?!
Wo wird das wahre Leben beginnen?
Wo - wenn nicht hier?!
Wann wird es Zeit, dass man sich allen Zwängen widersetzt?
Wann - wenn nicht jetzt?
Wer, wo, wann
fangen wir damit an!

Wer - wenn nicht wir?
Wo - wenn nicht hier?
Wann - wenn nicht jetzt,
wird es Zeit, dass man sich widersetzt!

Wer, wo, wann
fangen wir damit an!

Die Stille

Hörst du die Stille?
Auch sie hat einen Klang,
als sei die Luft erfüllt von einem lautlosen Gesang,
als brächte etwas diese alten Steine noch zum Klingen,
als gingen heimlich Engel durch den Raum, die singen.
Sie üben einen unhörbaren Chor.
Der Klang der Stille dringt in unser Ohr.

Hörst du die Stille?
Sie macht die Kirche weit.
Im Klang der Stille ahnst du etwas von der Ewigkeit.
So viele tausend Menschen, die vor unsrer Zeit hier waren
und ihre Lieder sangen während hunderten von Jahren
und hörten aus der Bibel Gottes Wort –
das alles klingt noch nach an diesem Ort.

Von draußen dringen ganz gedämpft Geräusche zu uns 'rein,
da draußen muss jetzt irgendwo der Alltag sein
mit seiner Unruhe und Geschäftigkeit,
doch wir sind wie in einer andren Zeit,
die alles Laute, was uns sonst bezwingt
zum Schweigen bringt.

Hörst du die Stille?
Sie macht die Seele weit.
Im Klang der Stille ahnst du etwas von der Ewigkeit;
als brächte etwas diese alten Steine noch zum Klingen,
als gingen heimlich Engel durch den Raum, die singen.
Sie üben einen unhörbaren Chor.
Die Stille klingt – und wir, wir sind ganz Ohr.

Liebe ist anders
Maria Magdalena

Was ist mit mir passiert?
Ich kenn mich nicht mehr aus,
was hat er nur mit mir gemacht,
dieser Mann?

Von dem bisschen, was ich wusste über das Lieben,
ist schon jetzt so gut wie nichts übriggeblieben.
Und ich fange nochmal ganz von vorne an,
und ich spür', was ich bisher nur ahnen kann:

Liebe ist anders,
sie braucht unser ganzes Fühlen und Denken,
Liebe ist alles,
ist Beschenktwerden und Schenken.

Liebe ist anders, Liebe ist alles,
ist Nehmen und Geben.
Man kann sie nicht fassen,
man kann sie nicht „machen",
man kann sie nur leben.

Ja, es gab Verehrer, und sie fanden mich schön,
aber keiner hat in mir den Menschen gesehn.
Alle denken, ich weiß über Liebe Bescheid,
doch viel besser als die Liebe kenne ich die Einsamkeit.

Und nun fang ich nochmal ganz von vorne an,
und ich spür', was ich bisher nur ahnen kann:

*Liebe ist anders,
sie braucht unser ganzes Fühlen und Denken,
Liebe ist alles,
ist Beschenktwerden und Schenken.*

*Liebe ist anders, Liebe ist alles,
ist Nehmen und Geben.
Man kann sie nicht fassen
man kann sie nicht machen
man kann sie nur leben.*

Die Erfinderwerkstatt

Aus der Werkstatt der Erfinder
kommen seltsame Geräusche Tag und Nacht.
Etwas knirscht, etwas quietscht, etwas kracht –
Ja, was wird da bloß gemacht?

Was bohren die da?
Was rumoren die da?
Was nieten und was löten und was schmoren die da?

Was rasselt denn da?
Was prasselt denn da?
Was klappert und was rattert und was knattert denn da?

Was basteln die da?
Was raspeln die da?
Was schrauben und was schieben und was schaben die da?

Ja, das wollt ihr gerne wissen,
wir verraten's aber nicht!
Erst nach vielen Hindernissen
kommt es an das Tageslicht.

Aber keiner will's verstehen,
weil es kaum einer begreift.
Ein Genie wird übersehen,
ein Erfinder hat's nicht leicht.

Alles Neue wird erst einmal ignoriert,
dann belächelt, dann bekämpft,
dann kopiert!

Reisefieber
Berthas Lied

Alles einsteigen! – Seid ihr bereit?
Der Tag beginnt, es ist höchste Reisezeit!

Vor uns die Straße, wie ein silbergraues Band
führt durch vertrautes und doch unentdecktes Land.

Wer sich nicht aufrafft, kommt nie voran.
Alles einsteigen, die Reise fängt an!

> Reisefieber
> zieht uns hinaus,
> Reisefieber
> breitet sich aus!
> Reisefieber
> kribbelt im Bauch,
> Reisefieber –
> spürst du es auch?

Wir nehmen Fahrt auf, der Start ist geglückt.
Wir fühl'n uns leicht und ein bisschen verrückt.
Auch eine kleine Panne kriegt uns nicht klein.
Was gibt es Besseres als unterwegs zu sein?

Die Leute staunen und starren uns an,
denn diese Reise, die heute begann,
führt auch für sie aus der Vergangenheit
geradewegs in eine neue Zeit!

Reisefieber
zieht uns hinaus,
Reisefieber
breitet sich aus!
Reisefieber –
kannst du es spür'n?
Reisefieber –
Lass dich verführ'n!

Die neue Ratterkiste zeigt, was sie kann,
fauchend und feuerspeiend rollt sie heran.
Für viele ist es noch ein Monster, doch schau:
Es wird gezähmt von einer mutigen Frau!

Und diese Fahrt, sie ist ja nur ein Beginn.
Wo fahren wir in zwanzig Jahren wohl hin?
Über die Grenzen, dahin wo es uns gefällt,
vielleicht in 80 Tagen um die ganze Welt!

Reisefieber
zieht uns hinaus,
Reisefieber
breitet sich aus!
Reisefieber
kribbelt im Bauch,
Reisefieber –
spürst du es auch?

Wenn die Zeit reif ist

Ich weiß noch genau, wie alles begann:
Mit einem kleinen Funken fing es an.
Eine zündende Idee, eine Explosion,
dann die erste Radumdrehung – eine Sensation,
mit der die große Fahrt beginnen kann.

Manch ein Spinner ist am Ende ein Gewinner,
manches war verrückt und ist dann doch geglückt,
manches Spiel mit dem Feuer
wird zum großen Abenteuer,
das die Welt begeistern kann.
Doch mit einem kleinen Funken fing es an.

> Wenn die Zeit reif ist für was Neues,
> bleibt nichts beim Alten.
> Eine neue Idee, für die die Zeit reif ist,
> ist nicht aufzuhalten.

Der Anfang ist schwer, der Weg ist nicht leicht,
und hat man auch ein großes Ziel erreicht,
dann kann man bereits in der Ferne seh'n:
Da sind wieder neue Ziele und neue Ideen.
So wird das Rad sich immer weiter dreh'n.

Alles Große hat ja einmal klein begonnen,
manch ein Loser hat am Ende doch gewonnen,
und so ist heute endlich
für uns vieles selbstverständlich,
was als kühner Traum begann,
doch mit einem kleinen Funken fing es an!

    Wenn die Zeit reif ist für was Neues,
    bleibt nichts beim Alten.
    Eine neue Idee, für die die Zeit reif ist,
    ist nicht aufzuhalten.

VII.
Im Leeren schweben
Vier Gedichte

Der Ton

Man hat das Konzert ins Freie verlegt,
den Flügel hinausgetragen
und unter dem Baum aufgestellt.
Doch in der erwartungsvollen Stille
vor dem Beginn,
da fällt
ein Blatt,
fällt vom Baum auf die Tastatur
und schlägt einen Ton an,
ganz zart und leise nur,
kaum wahrnehmbar
und doch so singend und klar,
dass sich alle entsetzen.
Sogleich vergisst
der Pianist
sein Repertoire
und hat nur noch den einen Wunsch,
auch einmal solch einen Ton zu spielen.
Er sucht ihn auf seinem Instrument,
doch er findet ihn nicht.
Weder durch Streicheln und Liebkosen der Tasten,
noch durch Hauchen und Schlagen
mit Lippen und Fingerspitzen,
nie kommt der selbe,
nie auch nur ein ähnlicher Klang heraus.
Und da weint er, der Pianist.
Doch als er endet, sind alle begeistert:
Er hat noch nie so schön gespielt!

Und sie applaudieren wie wild
dem Blatt, dem Spieler, dem Instrument.
Dem Blatt, das welkt,
dem weinenden Mann
mit einem gebrochenen Flügel.

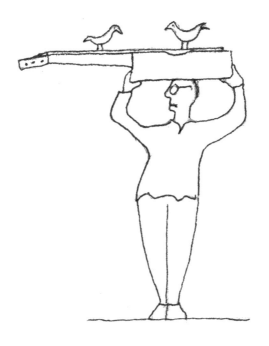

Verben

Wörter werden verblassen
auch das Verb lassen

weil wir zu viele davon verbrauchen
auch das Verb rauchen

Wörter werden verbrennen
auch das Verb rennen

während sich andere verbreiten
auch das Verb reiten

und wir viel Zeit mit Schreiben verbringen
auch mit dem Verb ringen

und bald ist nichts mehr verblieben
nur das Verb lieben.

Geflecht

Was ich dir zeige
zeigt unsre Geschichte

Du meinst: Dichte Zweige?
Nein. Zwei Gedichte!

Durchgeschüttelt auf dem Weg ins Jenseits

Wer ist dieser leise Reiter?
Das ist unser Reiseleiter!

Er führt uns an den roten Teich,
dahinter liegt das Totenreich.

Anstatt in diesem schweren Leben
werdet ihr dort im Leeren schweben.

Wer pflegt dann meinen weichen Leib?
Das Leichenweib!

VIII.
Oft gegen den Strom, aber immer im Fluss
Aus meinen Solo-Alben

Navigation

Wie ich hierhergekommen bin? Das weiß ich nicht genau,
es war wie eine Art Magie:
Ich hörte aus dem Weltall die Stimme einer Frau,
die sprach: Bitte folgen Sie
der A 61 für 200 Kilometer,
und ich folgte ohne Murren dieser Stimme aus dem Äther,

die in sanftem und doch strengem Ton mit mir zu sprechen pflegt,
sich die beste aller möglichen Routen überlegt,
mir erklärt, wo ich bin und wie lang es noch dauert
und ob eine zähflüssige Verstopfung lauert ...

Als gläubiger Mensch vertraue ich
auf die überirdische Dirigentin,
denn ich kenne den rechten Weg noch nicht,
aber das Navi kennt ihn!

    NAVIGATION –
    Das ist die Kunst der Matrosen,
    auf dem Meer, dem uferlosen,
    auf Kurs zu bleiben,
    nicht abzutreiben,
    in Wolken und Sternen
    lesen zu lernen,
    die Elemente zu verstehn,
    um nicht verloren zu gehn!

Ich guck nicht in die Sterne, ich lass' mich lieber leiten,
trotz gelegentlich auftretender Merkwürdigkeiten.
So kam ich letzte Woche beispielsweise
am Ende einer ungewöhnlich kurvenreichen Reise

in einem kleinen Dorf namens München raus,
neunzig Seelen und ein Feuerwehrgerätehaus.
Sehr idyllisch, und da sitz ich nun und überleg':
Der Weg ist das Ziel - doch das Ziel ist weg!

> NAVIGATION –
> Das ist die Kunst der Matrosen,
> auf dem Meer, dem uferlosen,
> auf Kurs zu bleiben,
> nicht abzutreiben,
> in Wolken und Sternen
> lesen zu lernen,
> die Elemente zu verstehn,
> um nicht verloren zu gehn!

Trotz allem, auch für unsren Weg durchs Leben
sollte es ein Navigationsgerät geben,
in das man seine Wünsche einprogrammiert,
das uns unserer Bestimmung entgegenführt,

das uns vor falschen Entscheidungen bewahrt,
uns Sackgassen und den Holzweg erspart,
das im Voraus weiß, welche Wege wo enden
und uns rechtzeitig sagt: Wenn noch möglich, bitte wenden!

Und falls du es nicht merkst, sagt es irgendwann vielleicht:
Übrigens, Sie haben jetzt Ihr Ziel erreicht!
Wo woll'n Sie denn noch hin? Jetzt kommen Sie mal raus,
ins Freie! Die Reise ist aus.

> NAVIGATION –
> die Kunst der Matrosen,
> auf dem Meer, dem uferlosen,
> auf Kurs zu bleiben,
> nicht abzutreiben,
> in Wolken und Sternen
> lesen zu lernen,
> die Elemente zu verstehn,
> um nicht verloren zu gehn!

Ich möchte einmal ohne mich verreisen

Ich möchte einmal ohne mich verreisen,
heraus aus meinem eignen Mief!
Wie weit ich damit komm, wird sich erweisen,
vielleicht schreib ich mir dann mal einen Brief.

Da schreib ich „alles klar" und „mir geht's gut",
dann fällt mir erst einmal nichts weiter ein,
denn diese Floskeln sind ein alter Hut,
da fall ich nicht mal selber drauf herein.

Aus der Entfernung sagt sich vieles leichter,
vielleicht bin ich dann ehrlicher zu mir.
Ich schreib den Brief zu Ende, bald erreicht er
mein trautes Heim und liegt vor meiner Tür.

Und bin ich auch noch nicht ehrlich gewesen,
kann ich doch zwischen meinen Zeilen lesen.
In Lücken, Ritzen, weißen Zwischenräumen,
da find ich was von mir und meinen Träumen.

Schon horch ich auf und möchte weiter fragen,
schon bin ich mir ein wenig zu allein.
Ich fühl mich leer im Kopf und leer im Magen,
oh weh, das wird mir eine Leere sein!

Doch sicher seh ich auch an meinem Briefe,
wie sehr es noch an Form und Inhalt krankt.
Ich merke, meinem Text fehlt es an Tiefe,
und sehe Stellen, wo die Schrift erbärmlich schwankt.

Peinlich berührt lass ich den Brief verschwinden,
mag sein, dass ich an mir nicht viel verlor.
Es lohnt sich nicht, zu mir zurückzufinden;
dann komm ich halt nur noch vereinzelt vor.

Und Karriere mach ich auch alleine,
wenn ich ein paar meiner Talente vertief
und etwas Spürsinn mit Geschicklichkeit vereine,
so schreib ich mir voll Trotz im nächsten Brief.

Hab schon von riesigem Erfolg geschrieben,
bald, schrieb ich, kennt ein jeder mein Gesicht.
Das scheint mir nun gewaltig übertrieben,
schon jetzt erinnre ich mich selber nicht.

Ich dreh am Radio, blättre in der Zeitung,
nirgends erfahr ich Neues über mich.
Ich finde weder Anklang noch Verbreitung,
wie weit reicht meine Stimme eigentlich?

Ich kann mich nicht mal selber unterstützen,
ich bin ja meilenweit von mir entfernt.
Doch würd auch meine Gegenwart nichts nützen,
ich habe mich noch nicht kennengelernt.

Drum, wenn ich nächste Woche wiederkehre,
dann stelle ich mich mir erst einmal vor.
Dann sage ich: „Mein Herr, habe die Ehre"
und blicke etwas scheu an mir empor.

Doch hoff ich, mit mir ins Gespräch zu kommen
und mich dabei auch selber nicht zu schonen.
Ich werde sicher ziemlich mitgenommen,
die Anstrengung wird sich trotz allem lohnen.

Vielleicht gelingt es mir, in mich zu gehen
und mir – versteht mich recht – zu Kopf zu steigen,
dann könnt ich durch die eignen Augen sehen,
um mir ein Stück der Welt aus meiner Sicht zu zeigen!

Ich wollte einmal ohne mich verreisen
und schied so stolz von mir und tat so männlich. –
Ich hoffe, ich werd nie mehr so entgleisen,
wenn ich mal groß bin, bin ich unzertrennlich!

Born in Lower Bavaria
Talking Blues

I was born in Lower Bavaria in nineteen-fifty-five.
My daddy was a preacherman, my mama was a preacherman's wife.

My mama, she came from Niederschlesien - zefix, wo is'n des?
Oh it's far in the east, und die Russen san kemma, verstehst?
I hab zwar scho gwusst, woher dass mei Muatter stammt,
aber g'rissn hat's mi doch, als i g'sehn hab in ihr'm Pass
an Stempel vom Flüchtlingsamt.

Hat ma nirgends a Ruah vor dene Flüchtling, hab i unwillkürlich denkt.
Alle kommen's daher und moana, da gibt's ois g'schenkt,
rennen ohne Gepäck vom einen ins nächste Verderben,
statt dass sie da, wo der Pfeffer wächst
bleiben und sterben.

My daddy was sent to war when he was seventeen,
hat a Uniform kriagt und hat g'merkt, da gibt's nur eins: fliehn!
Andre hab'ns grad noch g'schafft mit letzter Kraft
nach England, Amerika, Schweden.
Wo Grenzen noch offen san,
da hast a Chance zum Überleben.

Schau, wie's rennen, die Flüchtling, kopflos von Land zu Land!
Mir, die Weltmeister im Flüchten: wo'sd hinschaust a deutscher Emigrant!
Da rennen's ohne Gepäck in die Fremde, und oft ins Verderben,
statt dass sie da, wo die Bomben fall'n
bleiben und sterben.

My parents met in Bavaria in nineteen-forty-six.
Da war'n tausende noch ohne Heimat, und g'habt ham's nix.
Seitdem ham mer a Riesen-Massl g'habt, we could live in peace.
Now we are the priviledged, the others are the refugees!

I found a beautiful wife, her parents they came from Pommern.
Hals über Kopf san die aa akkrat nach Bayern kommen;
mit ihrer fremden Religion,
ja, a halberte Million
Lutherische war'n plötzlich da.
Des war a schwerer Schlag für Lower Bavaria!

I was born in Vilsbiburg, aber da kennt mi koaner mehr,
weil i mit meim Migrationshintergrund da aa a Fremder wär.
I suach a Land, wo net oiwei die oana die andern vertreiben,
wo's aufeinander Obacht geb'n
und miteinander leb'n,
da möcht i bleiben.

Wir kommen in die Jahre

Wir kommen ja jetzt alle in die Jahre –
mein Gott, wie kommen wir da wieder raus?
Wir werden Jubilare,
und uns gehen ein paar Haare,
doch noch lang nicht die Ideen aus.

Wir kommen in die Jahre, und die Jahre gehn –
na, wohin schon? Ins Land.
Kalenderblätter werden welk und fallen ab.
Manchmal steckten wir noch gerne den Kopf in den Sand,
doch dafür wird der Sand allmählich knapp.

Endlich mittendrin in den Jahren!
Das wurde auch höchste Zeit –
wenn auch nicht ganz ungeschoren,
doch was haben wir verloren?
Etwas Ungeduld und etwas Eitelkeit.

Wir sind in die Jahre reingekommen,
wo auch immer wir bis dahin waren,
bestenfalls gut erhalten,
bestenfalls noch ganz die Alten,
schlimmstenfalls schon „in den besten Jahren".

Du schaust voller Erwartung in die Jahre,
ein hoffnungsvolles, groß gewordnes Kind,
und blickst zum Glück
auf Wege zurück,
die alles andre als gerade sind!

Und hast noch Lust auf neue Kurven, Ecken und Kanten,
und bist noch gespannt aufs Unbekannte,
denn die gerade Verbindung zwischen zwei Punkten
ist gerade die uninteressante.

Drum wünsche ich uns, dass wir uns die Neugier
auf Neuanfänge bewahren,
Rolling Steine ohne Moos,
in Bewegung, ruhelos,
denn es ist noch alles drin
in den Jahren!

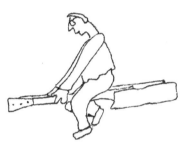

An die Frau mit den grünen Ärmeln
auf die Melodie von „Greensleeves"

Vorbei, Geliebte, ich lasse dich,
du lebst nun dein eigenes Leben.
Doch seit du fort bist, da frag ich mich:
Hat es dich jemals gegeben?

Je weiter du weg bist von mir,
du Frau mit den grünen Ärmeln,
desto häufiger träum' ich von dir,
und ich gerate ins Schwärmeln!

Es träumen und singen ja alle von dir,
als ob sie dich schrecklich vermissten.
Ich wette, du hast ein Verhältnis gehabt
mit hunderten von Gitarristen!

Und auch wenn mich diese Sehnsucht packt
nach dir mit den grünlichen Ärmeln,
wühlt ein a-moll im Sechsachtel-Takt
erbärmlich in meinen Gedärmeln.

Oft schon hab ich beim Zupfen gedacht:
Jetzt zupft' ich dich gern an den Ärmeln,
denn du hast uns alle sensibel gemacht,
auch ohne lautes Lärmeln.

Seitdem flehen wir Nacht für Nacht:
Du mögest dich unser erbärmeln,
denn du hast in uns ein Feuer entfacht,
an dem wir uns heut noch erwärmeln!

Gefunden

Da haben wir uns also wirklich gefunden,
wie ich mich freu!
Die Sehnsucht ist deshalb noch lang nicht verschwunden,
wir finden uns in gemeinsamen Stunden
jedes Mal neu.

Verliebt über beide Augen und Ohren,
schon dreißig Jahr!
Kein Alltag darf uns voneinander entfernen,
ich will dich ein Leben lang kennenlernen,
samt Haut und Haar.

Die lieben Worte, die wir uns sagen
und nur wir verstehn,
haben ganz tief in mir Wurzeln geschlagen
und werden noch schöne Früchte tragen,
die nie vergehn.

Jetzt brächt ich dir gern eine Liebeserklärung -
wie kurios:
Ich kann meine Liebe doch gar nicht erklären,
sie muss einfach wachsen und muss sich bewähren,
bedingungslos.

Ich wollt' dir das innigste Liebeslied schreiben,
das man je schrieb.
Ach, ich gebe es auf, es ist nicht zu beschreiben.
Nur eine Zeile wird übrig bleiben:
Ich hab dich lieb.

Ehe

Das mit den Männern und den Frau'n –
nicht auszudenken
und nie zu fassen!

Manchmal muss man sich einfach trau'n,
und manchmal muss man sich einfach
trauen lassen.

Du hast mir getraut,
und ich hab mich getraut,
und wir probierten's aus der Nähe.

Im Traum hatt' ich nie daran gedacht,
doch dann war das Boot vom Ufer losgemacht,
und obwohl ich von der Seefahrt nichts verstehe,

war ich plötzlich zur großen Überfahrt bereit,
und geriet – wobei ihr es mir hoffentlich verzeiht,
wenn ich die gute alte Redensart verdrehe –

aus dem Hafen der faulen Ungebundenheit
in die Winde und Wellen der Ehe.

> Ach, was wir uns da getraut haben,
> kann man das wagen?
> Ach, was wir uns da versprachen,
> kann man das sagen?
> Ach, was wir uns da vornehmen,
> zu große Ziele?
> Wir schauen uns um
> und ach, warum
> scheitern so viele?

Erst wünscht man sich immer mehr Nähe,
dann kriegt man Angst vor der Enge.
Man wünscht sich ewige Dauer
und hat dann Schiss vor der Länge.

Man macht die Erfahrung,
die Liebe braucht Nahrung,
oder sie krankt an Gewöhnung,

doch lernt man beizeiten,
sich richtig zu streiten,
gelingt mit der Zeit auch die Versöhnung.

> Ach, was wir uns da getraut haben,
> kann man das wagen?
> Ach, was wir uns da versprachen,
> kann man das sagen?
> Ach, was wir uns da erwarten,
> kann man das hoffen?
> Ach, so fest gebunden, und schau:
> Es ist alles so offen!

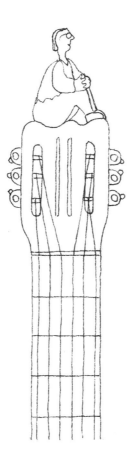

Herbstblätter

auf die Melodie von „Les feuilles mortes"
bzw. „Autumn Leaves" von Joseph Kosma

Hier sind wir damals im Sommer gegangen,
der Himmel war blau und die Luft voll Gefühl,
aber nun hat ja der Herbst angefangen,
Blätter verfärben sich und es wird kühl.

Nun wärmen wir uns an Erinnerungen;
mit ihnen kommen auch wieder
Melodien, die wir oft gehört und gesungen,
ach, so viele, so alte Lieder.

Dieses Chanson
hat uns begleitet
mit seinem Charme und Temperament,
hat uns zum Träumen und Küssen verleitet,
dann war es abgenutzt, ein Lied, das jeder kennt.

Autumn Leaves – nein, das geht gar nicht, sagen viele.
Zehntausendmal gehört, ich glaub, es reicht!
Doch irgendwann wird das egal, ich spiele
es heimlich doch, und schau: es geht, sogar ganz leicht!

Das Herbstlaub schmückt mit neuer Leuchtkraft alte Bäume;
Du bist bei mir, zum Traurigsein gibt's keinen Grund,
denn die Blätter in den Gärten unsrer Träume
sind nicht mehr grün, doch dafür sind sie bunt!

Und dieses Lied,
das uns begleitet,
vertraut, verspielt, ein Lied wie du und ich,
hat seine heitere Melancholie verbreitet,
es schien unsterblich und doch, es wandelt sich.

Denn dieses *Stirb und Werde*, es ist in allen.
Die Blätter spüren, wann die Reisezeit beginnt.
Sie lassen los, um ohne Angst zu fallen
und schweben leicht durch die Luft auf dem Wind.

Was bleibt
oder „Knabenmorgenblütenträume" (Goethe)

Und wir hatten uns doch so viel vorgenommen,
was am Ende bleibt, was Spuren hinterlässt.
Wir sind zweifellos ein Stück vorangekommen
und das Feuer ist auch noch nicht ganz verglommen,
wir sind tapfer oft gegen den Strom geschwommen,
und was noch bleibt ist mehr als nur ein Rest.

Und noch immer bleibt so vieles unverstanden,
unbegreiflich, unerhört und ungereimt.
Ein paar kleine Körnchen Wahrheit, die wir fanden
kamen uns auf unsrem Weg wieder abhanden,
fielen irgendwo ins Erdreich und verschwanden,
wär doch schön, wenn es nun bald irgendwo keimt!

Und noch immer bleibt so vieles unbeachtet,
worum unsre besten Leute sich bemüh'n.
Weltveränderer, die ihr verlachtet,
über die auch ihr euch heimlich lustig machtet,
haben jetzt schon mehr verändert als ihr dachtet
Was man heute noch für Unkraut hält, wird blüh'n.

Und noch immer will so vieles erst entdeckt sein,
vieles, was noch in uns schlummert, will geweckt sein,
viele, die mit uns auf unsren Wegen gehn,
machen Mut zu hoffen und zu widerstehn,
wach zu bleiben und uns Träumen hinzugeben
und das Leben zu füllen
mit Leben!

Und noch immer nehmen wir uns viel zu wichtig,
und was uns in Frage stellt, nehmen wir krumm.
Was beweisbar ist, das halten wir für richtig,
was nicht schwarz auf weiß steht, das ist null und nichtig,
wer sich hemmungslos bereichert, gilt als tüchtig,
wer bereit ist zu verzichten, gilt als dumm.

Und noch immer sind wir viel zu unbescheiden,
und das scheinbar Einfache fällt uns nicht leicht:
Aussichtslose Kämpfe zu vermeiden,
die notwendigen zu führ'n und zwischen beiden
stets zur rechten Zeit zu unterscheiden –
wem das gelingt, der hat schon viel erreicht!

Manches ahnen wir, anstatt es zu begreifen,
während unaufhaltsam Lebenszeit verrinnt.
Ein paar Knabenmorgenblütenträume reifen,
wenn wir vor dem Leben nicht mehr kneifen
und es schaffen, alte Häute abzustreifen,
die uns lange schon zu eng geworden sind.

Und noch immer will so vieles erst entdeckt sein,
vieles, was noch in uns schlummert, will geweckt sein,
viele, die mit uns auf unsren Wegen gehn,
machen Mut zu hoffen und zu widerstehn,
wach zu bleiben und uns Träumen hinzugeben
und das Leben zu füllen
mit Leben!

Asche und Glut

Gehn Sie bitte weiter, es gibt nichts zu sehen!
Es ist gefährlich, wenn Sie hier stehen.
Der Brand ist gelöscht, doch sei'n Sie lieber auf der Hut:
Unter der Asche ist noch Glut!

Das gilt auch für Sie, das reife Pärchen, beide um die siebzig,
so nett Hand in Hand, das schmust und das liebt sich,
weil offenbar trotz Alter und Falten
die Liebestriebe noch lang nicht erkalten.
Tief drinnen brodelt das Blut!
Unter der Asche ist noch Glut.

Bei so alten Leuten haben wir ja früher oft gedacht:
Was haben die wohl im „Dritten Reich" gemacht?
Jetzt sterben sie alle weg, und viele hofften schon,
das Problem verschwindet mit der Generation,
was wie wir alle wissen, ein Irrtum war,
von Jahr zu Jahr wächst die braune Gefahr
mit ihrem menschenverachtenden Gedankengut.
Unter der Asche ist noch Glut.

Dann schaue ich mal auf die andere Seite:
Die Revoluzzer meiner Jugendzeit, wo sind die heute,
die stets bereit war'n, auf die Barrikaden zu gehen?
Jetzt kann man sie mit Anzug und Krawatte sehen,
am Ende einer ehrenvollen Karriere
als Anwälte, Abgeordnete, Funktionäre.
Nur manchmal kommt der alte Elan noch ans Licht,
der Geist der Revolte, ganz verschüttet ist er nicht;
da lebt noch etwas von der alten Wut.
Unter der Asche ist noch Glut.

Die brauchen wir auch dringend, denn in immer mehr Staaten
regieren Diktatoren oder Autokraten.
Freien Geistern geht es an den Kragen,
Volksaufstände werden blutig niedergeschlagen,
bis das Land in Friedhofsstille ruht. – Doch:
Unter der Asche ist noch Glut.

Und die alte Erde zieht im Weltall ruhig ihre Bahnen,
und wir tanzen weiter auf erloschenen Vulkanen.
Keiner weiß: wie lang geht das noch gut?
Unter der Asche ist noch Glut!

Sacco und Vanzetti
Es erklingt „Ballad of Sacco and Vanzetti" von Ennio Morricone

Ja, wo kommst du denn auf einmal wieder her,
du schwelgerische kleine Melodie
von gerade mal acht Takten?
Du klingst immer noch, als seist du überzeugt,
dass dich alle kennen,
und als müssten wir jetzt gleich unsere Feuerzeuge schwenken
und vereinen zu einem wogenden Lichtermeer
für die Freiheit!

Deine acht Takte sind aber auch gebaut wie eine Hymne,
gehen sofort ins Ohr und von da aus ins Herz.
Und wer dich einmal gehört hat
und dir nach Jahren wieder begegnet,
der sagt: das hab ich doch schon mal gehört! -
Da gab es doch auch einen deutschen Text ...

> *... brannte rot und wurde zum Schrei:*
> *Gebt Sacco und Vanzetti frei!*

Sacco und Vanzetti - ja, die waren damals in aller Munde.
Zwei einfache Arbeiter, Einwanderer im Amerika der 20er Jahre,
politische Aktivisten, überzeugte Anarchisten,
in einem unfairen Prozess auf den elektrischen Stuhl geschickt.

In den Siebzigern wurde in Hollywood
ein Film gedreht über die beiden,
und für die Filmmusik holte man sich den Starkomponisten
der großen Italo-Western, Ennio Morricone.
Und der hat dich geschrieben, du kleine Melodie.

Und als du dann auf der Welt warst
und gleich so groß und stark geworden bist,
da wollten dich die amerikanischen Folk- und Protestsänger
unbedingt singen,

aber es war gar nicht so leicht,
einen Text auf dich drauf zu machen.
Du hast dich ein wenig gesträubt dagegen,
auch gegen das Versmaß der Namen Sacco und Vanzetti.

Man behalf sich dann mit den Vornamen.
Sie hießen Nicola und Bartolomeo,
aber da sie schon so lange in Amerika lebten,
sagten die Genossen oft: Nick and Bart,
und du hast dich dann so angehört:

> *Here's to you, Nicola and Bart,*
> *rest forever here in our hearts,*
> *the last and final moment is yours,*
> *that agony is your triumph.*

Euer Todeskampf sollte zu einem Triumph werden
für die Sache der kleinen Leute
und der organisierten Arbeiter,
und du wurdest auf großen Festivals gesungen.
Vor allem Joan Baez, die diesen Text gemacht hatte,
sang dich nie weniger als achtmal hintereinander,
immer die gleiche Strophe, immer den gleichen Text,
und Tausende von Festivalbesuchern sangen mit.

Das hat eine ungeheure Sogkraft entwickelt!
Das hat den Kapitalismus in seinen Grundfesten erschüttert!

Oh, Entschuldigung, ich wollte mich nicht lustig machen.
Wir brauchten ja damals solche Lieder.
Weltrevolution stand auf der Tagesordnung,
da brauchten wir solche wie dich, zum Mut machen.

Na gut, wir waren damals vielleicht nicht gerade die Idealbesetzung
für die Weltrevolution,
Gymnasiasten, Germanisten, Liedermacher und Phantasten,
aber der gute Wille war da.
Und wir jubelten Franz Josef Degenhardt zu, wenn er sang:

> *Euer Kampf, Nicola und Bart,*
> *brannte weit und wurde Fanal,*
> *brannte rot und wurde zum Schrei:*
> *Gebt Sacco und Vanzetti frei!*

Und aus Frankreich hörte man die Stimme
von Georges Moustaki:

> *Maintenant, Nicola et Bart*
> *vous dormez au fond de nos coeurs,*
> *vous étiez tous seuls dans la mort,*
> *mais par elle vous vaincrez.*

Auch in der Heimat von Nick und Bart hat man dich natürlich
gesungen, mit schönen Zeilen wie:

> *Canto forte la liberta!*

oder

> *Tutti siamo Nicola e Bart!*

„Wir alle sind Sacco und Vanzetti!" –
Und in all diesen Versen liegt eine trotzige Hoffnung,
dass die Zukunft nicht denen gehört,
die solche Prozesse gewinnen,
sondern denen, die solche Lieder singen.

Also, lass dich nicht unterkriegen, kleine Melodie!
Ich glaube, wir brauchen dich noch.
Und wir werden nicht zulassen, dass die Menschen dich vergessen,
dich und deine Geschichte.

> *The last and final moment is yours.*

> *Canto forte la liberta!*

Was bleibt II
oder „ein neues Lied, ein bessres Lied" (Heine)

Und noch immer bleibt so vieles ungeschrieben,
unentschieden, ungesagt und ungetan.
Was ist von unsren Vorsätzen geblieben,
aus voller Kraft zu leben und zu lieben?
Meist hat uns falscher Ehrgeiz angetrieben.
Am liebsten finge man von vorne an.

Um doch einmal einen eig'nen Weg zu wagen,
unbeirrt und unaufhaltsam, Schritt für Schritt,
nicht mehr alle Widersprüche zu ertragen,
scheinbar Selbstverständliches zu hinterfragen
und zur rechten Zeit entschieden Nein zu sagen,
wenn die Arroganz der Macht zutage tritt.

Und noch immer fehlen Sprossen an den Leitern,
dabei wollen wir doch immer hoch hinaus,
wollen unsren Horizont erweitern,
immer besser werden, auch im Scheitern,
sogar Misserfolge können uns erheitern,
anders hält man das ja alles gar nicht aus.

Und noch immer leben wir in rauen Zeiten,
Ungerechtigkeiten werden übersehn;
immer wieder ist es nötig einzuschreiten,
wenn gefährliche Parolen sich verbreiten
und noch immer lohnt es sich zu streiten,
statt den Weg des kleinsten Widerstands zu gehn.

Und noch immer ist uns vieles nicht gelungen,
viele gute Chancen haben wir versäumt.
Alte Lagerfeuerlieder sind verklungen,
wann wird ein neues Lied, ein bess'res Lied gesungen,
das Mut und Lust macht auf Veränderungen?
Denn unsre Träume sind noch lang nicht ausgeträumt.

Und noch immer will so vieles erst entdeckt sein,
vieles, was noch in uns schlummert, will geweckt sein,
viele, die mit uns auf unsren Wegen gehn,
machen Mut zu hoffen und zu widerstehn,
wach zu bleiben und uns Träumen hinzugeben
und das Leben zu füllen
mit Leben!

Das lieb ich so

Das lieb ich so
an unsrer Liebe

dass sie wie ein schlichtes Lied
sich durch unsren Alltag zieht
dass sie unsrer Lebenszeit
Kraft verleiht und Leichtigkeit

dass sie dabei nie vergisst
dass das Glück nicht selbstverständlich ist

aus grau in grau macht sie farbenfroh
das lieb ich so

Das lieb ich so
an unsrer Liebe

dass sie die Balance hält
zwischen Himmelreich und Alltagswelt
zwischen Vollkornbrot und Süßigkeiten
in den guten und in schlechten Zeiten

dass sie nicht die Zeit vertreibt
dass sie mit uns auf dem Boden bleibt

und noch immer brennt, mal sanft, mal lichterloh
das lieb ich so

Das lieb ich so
an unsrer Liebe

dass sie wach bleibt und uns nicht
eine heile Welt verspricht
dass sie nicht den Blick verstellt
auf die ganz und gar nicht heile Welt

und wenn mal der Wind schärfer weht
mit uns auf die Straße geht
um gegen Unrecht und Lieblosigkeiten
für eine andre, bessre Zeit zu streiten

und die Hoffnung lebendig hält
auf eine liebenswerte Welt

irgendwann, irgendwo
das lieb ich so

Denn die Liebe ist nicht blind und die Hoffnung ist
nicht dumm
sie sagt nicht einfach: alles wird gut
Sie weiß, dass alles möglich ist und dass es darum
noch immer einen Sinn hat, was man tut

Wir sind mit unsren Träumen nicht allein
die zu schön sind, um nicht wahr zu sein

Das lieb ich so
an unsrer Liebe

dass sie nie die Lust verliert
und uns immer neu vor Augen führt
dass die Träume nicht vergebens sind
die uns noch blieben
solange wir am Leben sind
und am Lieben

Lied vom Schluss

Ich komme nun allmählich zum Schluss.
Aber auf dem Weg dorthin
möchte ich mit euch noch so Einiges erleben,
auch mal etwas wagen, mich auf dünnes Eis begeben,

möchte mich bemühen, klarer Stellung zu beziehen
und die Angst verlieren, ich könnte mich blamieren.
Kurz: lernen, was ich noch lernen muss
auf dem Weg zum Schluss.

Ich komme allmählich zum Schluss,
aber auf dem Weg dorthin
seh' ich hoffentlich noch ein paar Sehenswürdigkeiten,
die mich zum Innehalten und zum Staunen verleiten,

dazu meinen Blick auf die Welt zu vertiefen
und die Zielrichtung meiner Fahrt zu überprüfen;
oft gegen den Strom, aber immer im Fluss
auf dem Weg zum Schluss.

Ich komme zum Schluss, ich brauch nur noch ein bisschen Zeit.
Manchmal hab ich das Gefühl, ich bin noch gar nicht sehr weit,
kaum aus dem Ei gekrochen,
voller Neugier aufgebrochen
hinaus in die Welt,
die uns so oft zum Narren hält

zwischen Zweifel und Entschluss,
zwischen Pflichten und Genuss,
zwischen Freude und Verdruss,
zwischen Pech und Zuckerguss,
das Beste kommt zum Schluss.

Wir kommen allmählich zum Schluss,
weil alles einmal enden muss.

Man sollte einen Ort wie diesen so verlassen,
wie man ihn vorzufinden wünscht, doch das werden wir kaum
                                                               schaffen.
Die nach uns kommen, haben sicher bessere Ideen,
stellen pfiffigere Fragen, werden neue Wege gehen.

Noch sind wir überzeugt,
dass alles mal gut enden muss,
und ist es noch nicht gut,
dann ist es noch nicht der Schluss.

Zugabe

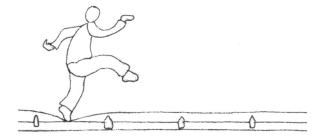

Der Zahn des Schimpansen

Ein Sänger sang
zwei Stunden lang,
sein Mund hing schon in Fransen. –
Doch was liegt da am Bühnenrand?
Was Weißes! Er greift hin, er fand:
Den Zahn eines Schimpansen!

Da freute sich der Musikant.
Er dachte ganz spontan:
Nach dem Applaus
fahr ich nach Haus
mit einem Affenzahn!

Anhang

Quellenangaben

Aber was? (S. 15) ist das Eröffnungsstück der CD *Live auf der Burg Waldeck* (2008).

Nichts andres gelernt (S. 19) ist zu hören auf dem Album *Lebensläufer* (2017/18).

Lied vom Glück (S. 21) findet sich auf der LP *Das Wolkenverjagen* (1987). 1988 war es das Siegerlied beim Wettbewerb „St. Ingberter Kleinkunstpfanne" und 2000 erschien es auf der CD *Fundsachen.*

Der Anfang vom Lied (S. 27) entstand für den Sammelband *aller menschen würde* (Sauerländer 2001) und ist zu hören auf der gleichnamigen CD von Markus Munzer-Dorn / Sergio Vesely.

Schöne Worte (S. 32) wurde geschrieben für die Anthologie *Frei von Furcht und Not* (Sauerländer 2004).

Ein Kind kommt zur Welt (S. 36) erschien in *Kinder ohne Kindheit* (Sauerländer 2006).

Weisheit und Macht (S. 38) und *Schlaf nicht so tief* (S. 40) sind erschienen in *Frei und gleich geboren* (Sauerländer 1998).

Das Musical *Alexis Sorbas* (Kapitel III, ab S. 43) nach dem Roman von Kazanzakis wurde 2010 am Theater Ingolstadt und 2012 bei den Burgfestspielen Mayen aufgeführt. Musik: Konstantin Wecker (siehe Grußwort S. 11), Libretto: Claus J. Frankl. Von ihm stammt die schöne Formulierung „Tanze um dein Leben!". Musikalische Leitung: Markus Munzer-Dorn.

„Kalendergeschichten" (Kapitel IV ab S. 59) erschienen in den 1980er-Jahren unregelmäßig im Selbstverlag. *Der Kreidekreis* (S. 63) wurde auch in die Anthologie *aller menschen würde* aufgenommen.

Die Zeit vergeht (S. 71): Aus dem Ein-Personen-Stück *Ich bin nicht süß, ich hab bloß Zucker* nach dem Monolog von Renate Bergmann. Auf der gleichnamigen CD gesungen von Anke Siefken.

Liebe ist Wahnsinn (S. 73): Aus *Männerduft* von Wolfgang Schukraft, gespielt u.a. in der Theaterei Herrlingen und am Café Théâtre Heilbronn.

Die Liebe, die Lust und die List (S. 77) und *Tarantella* (S. 79) aus *Mandragola* nach Macchiavelli von Wolfgang Schukraft, uraufgeführt 2016 im Theaterzelt der Theaterei Herrlingen.

Wenn die Trommeln trommeln (S. 80) entstand 2020 für das Memminger Wallenstein-Festival („Wallensteins Lagerspiele").

Ein langer Weg (S. 85) und *Lied vom Feuer* (S. 86) stammen aus dem Kindermusical *Die Steinzeitkinder,* ein Auftragswerk der Theaterei Herrlingen, uraufgeführt 2017. Aufführungsmaterial und Rechte: www.musicals-on-stage.de

Zwischen 1988 und 1991 schrieb Markus Munzer-Dorn regelmäßig Glossen für die Ulmer Theaterzeitung *Vorhang auf! Das Publikum von morgen* (S. 88) erschien im Januar 1991.

Wenn ich ein Vöglein wär (S. 90), *Lied vom großen Traum* (S. 93), *Vielleicht bin ich der falsche Mann* (S. 97) und *Flugversuche* (S. 98) stammen aus dem Musical *Luftsprünge (Der Schneider von Ulm und der Traum vom Fliegen),* ein Auftragswerk der Kinder- und Jugendchöre der Ulmer Münsterkantorei, aufgeführt 2000 und 2011 im Großen Haus des Theaters Ulm. Zu hören auch auf der CD *Luftsprünge.*

So ist Musik (S. 101) und *Wer, wenn nicht wir* (S. 104) sind entnommen aus dem Musical *Das große Lampenfieber,* ein Auftragswerk der Musikschule Neu-Ulm, Uraufführung 2017. *Wer, wenn nicht wir* wurde vertont von Jens Blockwitz.

Die Stille (S. 107): aus dem Kindermusical *Die ewige Baustelle (vom Bau einer gotischen Kathedrale)*. Aufführungen 2002 und 2015 im Chorraum des Ulmer Münsters.

Liebe ist anders (S. 109): aus dem Musical *Mensch Jesus!* Bisher unveröffentlicht.

Die Erfinderwerkstatt (S. 111), *Reisefieber* (S. 113) und Wenn die Zeit reif ist (S. 116) stammen aus *Zündfunken („Das automobile Musical")*, ein Auftragswerk der Landesakademie für die musizierende Jugend in Baden-Württemberg. © Carus-Verlag Stuttgart, Text und Musik: Markus Munzer-Dorn

Der Ton (S. 121) erschien in der Sammlung *Jemand öffnet eine Tür*, Nürnberg (Verlag der Plakaterie 1978).

Die meisten Lieder Lieder aus Kapitel VIII (ab S. 129) sind zu hören auf den CDs bzw. LPs *Fundsachen* (2000), *Live auf der Burg Waldeck* (2008) und *Lebensläufer* (2018).

Sacco und Vanzetti (S. 160) ist Christof Stählin gewidmet, dem Schöpfer der Gattung „Zwiegespräch mit einer Melodie". (Die Melodie von Morricone wurde auch unter dem Titel *Here's to you* berühmt.)

Navigation (S. 131), *Asche und Glut* (S. 158), *Das lieb ich so* (S. 167) und *Lied vom Schluss* (S. 171) entstanden in der „Lockdown"-Zeit des Jahres 2020 und erscheinen hier zum ersten Mal.

Über den Autor

MARKUS MUNZER-DORN

geboren 1955 in Niederbayern, seit 1985 meist wohnhaft in Ulm, spielt, singt, komponiert, dichtet und schreibt seit Jugendtagen schon das Leben in Richtung neuer Erkenntnisse und Erfahrungen.

Ab 1985 – da kam ich als zweites Kind gerade dazu – arbeitete er am Ulmer Theater als Schauspielmusiker und Regie-Assistent. Was davor geschah, kann ich nicht bezeugen; man erzählt von berüchtigten Lieder-Auftritten, radikalen Theaterbühnenarbeiten in Ingolstadt sowie wilden musikalischen und literarischen Studienzeiten. Dann in den 1990ern Bühnenmusik für die Luisenburg-Festspiele Wunsiedel, wo ich das Felsenlabyrinth liebte, und die Arbeit als Leiter der Schauspielmusik am Badischen Staatstheater Karlsruhe. Die musikalische Leitung der Burgfestspiele Mayen kam nach der Jahrtausendwende, und es gab ungezählte weitere Theaterengagements sowie Auftritte als Liedermacher und klassischer Gitarrist. Er hält sich aber nicht immer an seinen Schuster, spielt auch E-Bass, Mandoline, Laute, Bouzouki, Banjo, Concertina, Klavier, Charango u.a. Und er experimentiert mit Elektronika, wenn es dramaturgisch angezeigt ist, wie 2016 in Shakespeares *Sturm* in der Theaterei Herrlingen.

Seine bisherigen Soloplatten heißen *Das Wolkenverjagen*, *Fundsachen*, *Live auf der Burg Waldeck* und *Lebensläufer*. In Kooperationen entstanden z.b. die CD *Shpil mir a lid* mit jiddischen Liedern oder die Aufnahmen des Weltmusik-Trios TRIAS. Unverwechselbare Klänge verbanden sich mit seinem erzählerischen Können zudem zur Musicalform. Seine Musiktheaterstücke für junge Leute (*Die schöne Helena, Neuland, Luftsprünge, Zündfunken, Die ewige Baustelle, Die Steinzeitkinder, Ozeanflieger* u.a.) thematisieren oft Träume und dreiste bis kühne Wünsche – verschiedener Altersgruppen und Jahrhunderte –

mit denen wir zwar oft auf die Nase fallen, die aber wertvoll sind, weil sie uns über das begrenzte Bestehende hinausdenken lassen.
Die Auszeichnungen, Preise und Bestenlistenplatzierungen, die mir gar nicht alle bewusst waren, bitte ich auf der Homepage (munzer-dorn.de) nachzuschlagen. Erwähnen möchte ich aber, dass er ein Stipendium für das Textdichter-Seminar bekam und 2002 die Masterclass der *Celler Schule* absolvierte.

Wie er auf Sprachen zugeht, das hat bestimmt nicht nur mich in meinem Bedürfnis beeinflusst, die Welt zugewandt, mit Interesse fürs Detail und möglichst gut formuliert in mich aufzunehmen und dabei jeden Tag aufs Neue an einem wahrheitsuchenden Sinn für Humor zu feilen. Wie soll man sonst einen kühlen Kopf bewahren?

Lena Dorn
Berlin / Leipzig, im Februar 2021

Über den Zeichner

SERGIO VESELY

ist ein chilenisch-deutscher Liedermacher und Allround-Künstler.
Er war politischer Gefangener zur Zeit der Pinochet-Diktatur, wurde 1976 aus Chile verbannt und erhielt politisches Asyl in Deutschland. Seit über 40 Jahren lebt er als freier Künstler in der Nähe von Stuttgart und erfreut Jung und Alt mit seinem fabelhaften Gitarrenspiel, seiner ausdrucksstarken Stimme und nicht zuletzt mit seinen phantasievollen Bildern.

Über die Edition Kettenbruch

Die Edition Kettenbruch ist das Verlagsprojekt des Bündnis Menschenrechtsbildung e.V.
Sie wird seit ihrer Gründung 2015 ehrenamtlich zur Veröffentlichung von Belletristik und Sachbüchern zu Menschenrechtsthemen in Kooperation mit Amnesty International Ulm und der Stiftung Menschenrechtsbildung Ulm weiterentwickelt.

Weitere in der Edition erschienene Bücher finden Sie unter:
www.edition-kettenbruch.de

Druck:
Customized Business Services GmbH
im Auftrag der
KNV Zeitfracht GmbH
Ein Unternehmen der Zeitfracht - Gruppe
Ferdinand-Jühlke-Str. 7
99095 Erfurt